BIBLIOTECA
PILAR SORDO

¡NO QUIERO CRECER!

Cómo superar el miedo a ser grande

PILAR SORDO

¡NO QUIERO CRECER!

Cómo superar el miedo a ser grande

OCEANO

Diseño de portada: Estudio Sagahón / Leonel Sagahón
Fotografía de la autora: © Marisa Bonzon

¡NO QUIERO CRECER!
Cómo superar el miedo a ser grande

© 2011, 2017, Pilar Sordo
c/o Schavelzon Graham Agencia Literaria
www.schavelzongraham.com

D. R. © 2017, Editorial Océano de México, S.A. de C.V.
Eugenio Sue 55, Col. Polanco Chapultepec
C.P. 11560, Miguel Hidalgo, Ciudad de México
Tel. (55) 9178 5100 • info@oceano.com.mx

Primera edición en Océano: 2017

ISBN: 978-607-527-151-4

Impreso en México / Printed in Mexico

A Óscar, por su amor y fuerza.
A mis hijos, el centro y la conexión con el presente...
mi cable a tierra

Índice

Introducción

Quizás a muchos de ustedes, cuando vieron por primera vez este libro, les llamó la atención el título *No quiero crecer*. La verdad es que no deseo responder todavía por qué elegí este nombre; lo vamos a descubrir juntos en la medida en que el libro se desarrolle. Pero ¿por qué los adolescentes no querrían crecer? Ésa es una pregunta para los adultos. Tenemos que reflexionar sobre el tipo de ejemplo que somos para nuestros hijos como para que ellos de verdad quieran crecer.

Cuando era chica si me preguntaban qué me gustaría ser de grande, yo siempre quería ser grande... porque me habían contado la historia de que los adultos hacían lo que querían. Al final, uno descubre que eso no es verdad, pero, al menos, cuando yo miraba hacia el futuro había algo que me parecía atractivo. Crecer implicaba tomar decisiones, hacerse responsable, disfrutar de cosas en forma autónoma, sin preguntarle a nadie... Y hoy, justamente, es lo que parece estar en crisis en los jóvenes.

¿Por qué un *¡Viva la diferencia!* para jóvenes? Porque creo que el concepto de la diversidad hoy día es un tema fundamental para la sociedad en general. Es aceptar lo distintos que somos y cómo, desde esa diferencia, contribuimos a que todos podamos vivir en un mundo mejor. Eso implica respetar y entender las diferencias entre el niño que estudia mucho y el que no tanto; entre el que tiene déficit de atención y el que no lo tiene; entre el que sufre de *bullying* y el que lo ejerce.

Debemos respetar también la condición sexual de los jóvenes. Aceptar los sueños y las vocaciones de nuestros adolescentes, porque cada vez hay más diversidad profesional. Ya no existe, como en mi generación, la búsqueda de las doce famosas carreras importantes. Hoy día hay más alternativas.

También existen diferentes tipos de familias, lo que tiene evidentemente consecuencias directas en la generación de distintos tipos de jóvenes. Debemos ser capaces, como sociedad, de incorporarlas, respetarlas, tolerarlas, aceptarlas y, por qué no decirlo, quererlas. Creo que la mayoría de los países latinoamericanos tolera muy poco las diferencias, no nos gustan mucho las minorías.

Por tanto, así como en *¡Viva la diferencia!* se invitó a vivir la diferencia de género y a decir "qué bueno que hombres y mujeres somos distintos", este libro también es una invitación a decir "viva la diferencia entre los jóvenes" para que cada uno, desde su propia realidad, desde su propia constitución familiar, clase socioeconómica, condición física o intelectual, tenga la posibilidad de aportar algo a la sociedad, de soñar y sentir de verdad que sí puede cambiar el mundo, si es capaz de asumir ese compromiso en forma vital.

Escribirles un libro a los jóvenes —y también a los padres— con el fin de encauzarlos o educarlos para que sean buenas personas no es fácil. En general, cuando les hablo o les escribo a los adolescentes me aparecen dos temores. El primero es preguntarme cómo hago para romper con el peor mal que padecen los jóvenes, que es la soberbia y la sensación de que no tienen nada que aprender, porque todo lo saben y, por lo mismo, cualquier persona que llegue a decirles o a contarles algo de sus propias vidas parece ser un fastidio, alguien extraño, ajeno, que viene a dar órdenes o a indicarles todo lo mal que lo están haciendo.

El segundo temor es cómo hago para que los adolescentes lean este libro o para que cuando vayan a una de mis charlas no lo hagan con la clásica postura de "¡Qué lata!", "¿Qué me va a decir esta psicóloga que yo no sepa?" o "No tengo ganas de escucharla". Cómo hago, en fin, para llegar a ese grupo de jóvenes a través de variables emocionales, porque siento que, al final, el hecho de que ellos lean este libro tiene que ver con mi habilidad para alcanzar sus corazones, que es donde nadie llega o donde nadie intenta llegar.

Generalmente, la información que tratamos de entregarles tiene el propósito de que adquieran conocimientos con los que puedan manejarse en la vida frente a los conflictos que se les presentarán en su proceso de crecimiento. Pero poco nos preocupamos de racionalizar esa información que, en el fondo, debiera ser una transmisión de experiencias más que de datos teóricos.

En consecuencia, lo primero que quiero dejar claro es que, en este libro, no habrá teorías psicológicas; sí habrá experiencias acerca de la preadolescencia, adolescencia y adultez joven, que tienen que ver con investigaciones que he realizado en cada una de esas etapas, a través del contacto permanente con jóvenes en varios países de Latinoamérica, y mediante el diálogo con sus padres y familias. Así se han ido desplegando una serie de reflexiones y miradas acerca de dónde hay que poner mayor énfasis durante las distintas etapas que los adolescentes van pasando.

Por otro lado, creo que es importante mencionar que, de acuerdo con la mayoría de los estudios psicológicos —incluyendo los míos—, todo parece estar adelantado unos dos años como promedio; entonces, lo que antes se vivía a los once, hoy día se vive a los nueve, y así sucesivamente. Esto hace que para los padres sea más complicada la tarea de la educación, porque, mucho antes de lo que esperaban, empiezan a ver en sus hijos conductas y reacciones para las que no están preparados. Todavía esperan a un niño de nueve años relativamente consentido, más casero y con menos necesidad de autonomía, pero se encuentran con que a los nueve años —como lo vamos a ver en el capítulo sobre esa edad— los niños ya están en una búsqueda de conocimiento de sus propios cambios, de su propio cuerpo y de sus emociones, lo que genera ciertas dificultades en la comunicación con los adultos, ya sean sus padres, profesores o cualquier símbolo de autoridad.

Entonces, es relevante establecer que, si bien todo se anticipó dos años, lo que voy intentar reflejar en el libro es cómo funcionaría hoy una parte de los adolescentes. Intentaré mostrar tendencias, no generalizaciones; tampoco pretendo sacar conclusiones categóricas acerca del tema. Es simplemente una invitación a reflexionar sobre cómo los padres están manejando —a veces mal— el crecimiento de sus hijos, y cómo éstos se están aprovechando de este contexto en las distintas etapas que viven.

Por otro lado, también es una invitación a los adolescentes, a que se miren a sí mismos, a que se vean fotografiados en la forma como funcionan y quizá, sólo quizá, puedan cambiar desde ellos mismos, sin que sean presionados por sus padres. Lo que pretendo es que los jóvenes, en forma autónoma, sean capaces de tomar el libro y decir: "Esto a mí me pasa, y si me pasa, ¿cómo lo oriento?, ¿cómo lo cambio?", y desde allí generar la conversación con los padres. Por supuesto que también podría ser al revés, pero quiero que sea un libro para ellos, porque en general no hay libros de desarrollo escritos para los adolescentes. Los que les hacen leer a lo largo de la etapa escolar, no son libros que les muestren lo que ellos están viviendo.

No quiero crecer debería generar discusiones, conversaciones y, por qué no decirlo, discrepancias entre los jóvenes y sus padres o respecto de los contenidos del libro; pero lo importante es que origine el debate para iniciar los procesos de crecimiento que todos necesitamos y que son fundamentales en una sociedad en la que está todo tan desordenado, donde hay un exceso de información, donde cualquiera puede obtener lo que quiera a través de internet y no necesariamente bien encauzado. Donde los valores han dejado de ser importantes, privilegiando la excelencia académica y lo cognitivo. Donde lo simple, lo obvio, lo cotidiano y el sentido común han dejado de ser vistos, en favor de grandes conceptos o grandes estructuras teóricas que a las personas comunes y corrientes, con menos educación y con menos recursos, les cuesta mucho entender.

Mi libro pretende llegar también a ese grupo, a los que no estudiaron más que la educación básica, pero que en cambio tienen la experiencia de la vida. Quiero que este libro llegue a todo tipo de capacidades cognitivas, porque creo que justamente las personas que no pudieron estudiar jamás tendrán acceso a un psicólogo ni a libros de la materia. Entonces, mi intención es que *No quiero crecer* sea de fácil acceso para esa población que también necesita, igual que los universitarios, herramientas concretas para poder tener una vida más feliz.

Al final, en la medida en que nos conozcamos, podemos tener elementos de control y oportunidades de crecimiento y de reencuentro entre los miembros de la familia; al saber lo que al otro le está pasando, nos es más fácil poder comunicarnos y así establecer bases sólidas de afecto.

A partir de ahí, podemos volver a un concepto de familia parecido al antiguo, pero que incorpore elementos nuevos, como la tecnología, la rapidez con la que estamos viviendo, los pocos tiempos reales que de alguna manera se puedan tener (no sé si son tan distintos a los tiempos que tenían nuestros padres, pero que por lo menos los percibimos como menores), o cómo estamos utilizando los espacios dentro de las casas para establecer comunicaciones. Cómo los niños, en la medida que crecen, van necesitando autonomía, pero nunca dejan de requerir límites. Darles exceso de comodidad a nuestros hijos les puede producir un daño psicológico muy grande a lo largo de la vida, porque los hace sumamente dependientes, poco comprometidos y poco arriesgados a vivir. Eso lo veremos muy bien en el último capítulo cuando hablemos de la "Generación canguro", que es la que no se quiere casar, que tiene los privilegios de los casados y los beneficios de los solteros, que tiene dinero guardado, que tiene una relación informal y que no tiene necesidad de comprometerse porque su familia le genera un colchón lo suficientemente calientito para no querer moverse de ahí.

Así es que este libro es una invitación a recorrer la vida de los jóvenes, desde los nueve hasta los treinta años, observando los conflictos principales de cada una de estas etapas, los desafíos que hoy día cada una de estas fases trae consigo y hacia dónde los padres tienen que modelar los sueños de sus hijos para que ellos se puedan desarrollar en plenitud; para que cuando nosotros no estemos, sean las mejores personas posibles y que ésta sea nuestra gran misión educativa como papás.

Adolescentes

Características generales

Es importante hablar de cuáles son las características generales que podemos encontrar o apreciar en cualquier adolescente, sin considerar las condiciones sociales, ambientales o incluso familiares. El primer punto relevante de mencionar es que los adolescentes se conforman después de pasar por el periodo de la pubertad. Y la pubertad se caracteriza por los cambios hormonales o corporales que van teniendo a lo largo de su crecimiento y que comienzan alrededor de los nueve años, edad con la que también se inicia este libro.

Otra característica fundamental es que los cambios corporales, cerebrales u hormonales desembocan también en características psicológicas. ¿Cuáles son éstas hoy día?: el malestar o la falta de ganas para hacer cosas, la desidia, la escasa motivación, que hoy va más allá de un tema físico, porque se desprende también un tema más existencial, de poco movimiento o de poca inspiración, motivada por factores modernos, como la tecnología que les entrega a los jóvenes todo hecho.

Por eso, yo he llamado a esta la "generación on-off", la que todo lo prende y lo apaga, y la que con esa misma rapidez quiere que ocurran las cosas. Son jóvenes impacientes que tienen poca tolerancia a la frustración, escasa disciplina y no funcionan sobre la base del rigor, fundamentalmente porque tienen padres que les han facilitado cada vez más las cosas; por lo tanto, ellos terminan careciendo de un temple firme y sólido.

Son adolescentes con escasez de sueños. En general, no llevan a cabo grandes luchas o grandes batallas, que no sean estar en contra de otro y peleando por ser los mejores. Creo que a los adultos nos ha costado hacerles entender que la competencia es algo que se vive con uno mismo... quizá porque los adulos tampoco la vivimos así. Otro tema significativo es lo que yo llamo la "generación banda ancha", que es la que apunta a la rapidez con la que las cosas tienen que ser vividas, procesadas y modificadas. Se dice que hay que cambiar de pareja rápidamente cuando se acaba una relación, que se tienen que procesar los dolores cuando se viven. No se les da tiempo a los programas de TV para que la gente se acostumbre a ellos, sino que de acuerdo a un circuito efectista, si las cosas no resultan rápido, entonces no sirven y hay que cambiarlas por otras.

Estamos en una sociedad que borra todo lo antiguo para poder caer en lo nuevo. Que no repara nada, porque incluso es más barato comprarse cosas nuevas que arreglar las viejas. Nos hemos ido alejando del concepto de reparación y, por supuesto, también del perdón. No nos permitimos vivir relaciones que puedan tener algún índice de reparación o de capacidad de perdón. Los vínculos afectivos están considerados más como sensaciones o sentimientos que como decisiones. Y muchos de los comportamientos de los

adolescentes están basados en conductas más bien instinti-
vas, "animalescas", ni siquiera emocionales, y mucho menos espirituales o con algún sentido.

Podríamos hablar también de una escasa tolerancia al
aburrimiento, porque siempre los adolescentes tienen que
estar entretenidos con cosas que están pasando. Todas estas características las vamos a ir viendo paso a paso, edad
por edad, percibiendo qué etapas se presentan con mayor
fuerza y cómo los padres o los adultos a cargo podemos
modificar todos estos males que se han ido encarnando en
la gran mayoría de los adolescentes y que resultan trans-
versales a todos los niveles socioeconómicos, bajos o altos.

Lo que sí cambia, por supuesto, con el nivel socioeconómico son los temas o las condiciones. Si en una población
hablo, por ejemplo, de la cerveza, en el sector alto voy a hablar de otro tipo de trago más sofisticado. Pero en general,
los comportamientos son los mismos y las características
también. Así, un niño que no tenga computadora vivirá los
procesos de la tecnología a través de un cibercafé o gracias
a la computadora de algún amigo o la PC del colegio, pero
de todas maneras va a entrar en el mismo circuito; quizá
producto del fenómeno de globalización al cual estamos
llamados.

Otro punto relevante es cómo esta generación se ha
ido separando de los vínculos familiares, sobre todo de los
abuelos, de los más viejos. A los padres les toca verlos más
seguido, a pesar de que tampoco hay mucho contacto con
ellos, porque no se sientan a la mesa o porque no compar-
ten espacios en común. Cada vez se conversa menos en las
familias, con la excusa de que tenemos poco tiempo; pero

no creo que eso sea cierto. La verdadera razón es que tenemos otras prioridades. Si hoy dedicamos una hora para ver
las noticias por televisión, entonces tenemos lo mismo, una
hora, para estar en familia. Y si estuviéramos una hora en
familia, todos los días, todos juntos, tendríamos claramente
otra constitución familiar. Hemos elegido ver las noticias,
hemos escogido ver una serie, jugar un videojuego o ver un
programa de TV... ¡y no compartir con el otro!

Las habitaciones de los niños generalmente tienen las
puertas cerradas, cuando existe la posibilidad de que cada
hijo tenga su dormitorio. Si hay menos espacio dentro de la
casa, los niños salen a las calles, donde se educan casi por sí
solos, con toda la violencia, las drogas y los riesgos que en
cada esquina encuentran, producto de la falta de control y
de participación de unos padres ausentes. Los niños están
solos, se educan solos, comen solos y, por lo tanto, encuentran rápidamente sentido de pertenencia en la esquina más
cercana.

Como decía anteriormente, la importancia de la vejez
en esta sociedad está en crisis. Al enviar un currículum después de los treinta y cinco años se corre claramente un riesgo
mayor de no encontrar trabajo. Hay que valorar la edad, la
experiencia, la formación, los años de trabajo. Hay que valorar en la familia al abuelo o a la abuela, aunque repita treinta
veces la misma cosa, porque es parte de la historia, ¡es parte
de mi historia emocional! Sin ella, yo no soy lo que soy, y si
no la conozco, desconozco la historia de mi familia, la historia de mi país y las raíces de cómo se fueron formando las
cosas. Debo aprender a valorar y agradecer lo que hoy existe,
lo que hoy tengo, gracias a los que han vivido antes que yo.

Creo que eso es algo que tenemos que volver a apreciar. Volver a imprimirles las fotos a los abuelos para que ellos puedan descansar en sus casas viendo un álbum y no a través de pantallas de computadora, que además los aterrorizan. Antes eran felices o éramos felices con treinta y seis fotos; hoy día tenemos quinientas cuarenta y ocho en una computadora que rara vez vemos. No nos sentamos todos juntos a reírnos de las fotos antiguas. Tenemos cinco mil canciones en un disco duro que jamás vamos a alcanzar a escuchar y que de una u otra forma nos hacen sentir que mientras más cosas tenemos, más felices somos. Pero no es así, porque antes, cuando teníamos bastante menos, pareciera ser que estábamos más contentos. Ése es uno de los temas que esta generación ve con angustia y preocupación, porque no saben cómo disfrutar de la etapa que viven.

Otra de las características de los adolescentes es el contacto con los derechos y muy poco acercamiento con los deberes. Están menos conscientes de sus obligaciones, de cuáles son las cosas que tienen que lograr, pero sí tienen plena claridad de cuáles son sus derechos y los reclaman en forma airada y violenta, con lo cual los adultos, padres y profesores temen imponer límites, de disciplina y de rigor frente a la educación.

Algo nos pasa respecto del tema de los límites; nos asusta llegar a esquemas autoritarios. Hemos caído en una confusión entre el concepto de autoritarismo y de autoridad. La autoridad es necesaria, porque genera limpieza, coherencia y la sensación de estar en un mundo seguro. El autoritarismo, en cambio, es el abuso de esa autoridad. Claramente nosotros no aplicamos autoridad, porque estamos cayendo en la permisividad, en un concepto de amistad con nuestros hijos que mal entendido significa no poner límites y no ser lo suficientemente restrictivos y ordenados. Un niño necesita eso, aun cuando en la adolescencia parecieran ser autónomos.

Nos encontramos frente a niños que se han ido acostumbrando a rechazar el cariño; pero realmente lo rechazan, levantan el hombro para escabullir un abrazo apretado de su madre, no porque no lo quieran, sino porque simplemente están poniendo a prueba la capacidad de esa madre para tolerar la frustración y seguir insistiendo.

Los padres no nos podemos cansar de ser padres; por lo tanto, no nos podemos cansar de abrazarlos, de decirles que los amamos, de rascarles la espalda, de sentirnos orgullosos de ellos, de sacar el máximo provecho de sus talentos, de transformarlos en las mejores personas que puedan ser; de pulirlos, y eso duele muchas veces. No puedo ser una madre agradable todo el tiempo, tengo que ser también desagradable en algunas ocasiones.

Educar es una tarea que muchas veces duele en el alma y debo tener la capacidad para entender que ser padre o madre es una misión, no es una tarea que yo realice todos los días y que quede contenta porque a mis hijos les parezco "buena onda". Ser padre o madre es una misión que dura toda la vida y sólo termina cuando uno de los dos fallece. Y si a mis cuarenta y tantos años mi padre me llama la atención, yo agacharé la cabeza y lo escucharé porque es una autoridad, porque es un ser con el que me he reconciliado a lo largo de la vida, con el que he logrado sentirme cercana y tremendamente protegida. Lo mismo pasa con mi madre. Entonces, creo que ese proceso lo vivimos todos los seres humanos, a cualquier edad, no importa que ya seamos grandes. Mientras más viejos nos volvemos, más terminamos agradeciendo las cosas que nuestros padres nos dieron y cambiando aquellas que nos hicieron sufrir, pero que sin duda fueron un aprendizaje como cualquier experiencia dolorosa.

Éstas son las características generales de los adolescentes: buscar sueños, tener que diseñar un proyecto de vida y poder descubrir su orientación sexual, si heterosexual u homosexual, porque la bisexualidad, como condición, no existe, es más bien una elección de quienes no se han asumido, o de heterosexuales que están jugando a ambos bandos. Pero en general, la adolescencia implica un camino de hallazgos, en el cual yo puedo descubrir cosas negativas en mí y decidir qué tipo de adolescente quiero ser, que es el gran desafío de la adolescencia. Eso lo vamos a analizar y a descifrar a lo largo del libro de forma muy precisa en cada una de las etapas de la vida.

Algo que también llama mucho la atención es el tema del miedo, lo que hace caer a esta generación en conductas de riesgo. El miedo tiene dos elementos: uno positivo y uno negativo. El positivo es el que me protege y me avisa de los peligros, por lo tanto, me hace no cometerlos de forma innecesaria en favor de un beneficio mayor que es el autocuidado. El miedo negativo, en cambio, es el que me impide avanzar, producto de obstáculos internos o del clásico "no va a resultar", que frena que alcance mis sueños y que trabaje por ellos. Tiene que ver un poco con el apabullamiento social de destruir eso en lo que creo o en lo que quiero trabajar; es una destrucción provocada porque el resto me dice que no va a funcionar.

El tema del miedo parece ser que hay que vencerlo, pasar sobre él; por ejemplo, el niño que se arriesga a tomar alcohol antes de los dieciocho años está venciendo el miedo, está siendo valiente, y eso es reforzado por su grupo. También el miedo juega un rol importante en la actividad sexual y en la delincuencia; atreverse a robar para probarle al grupo que tengo valentía y que soy un hombre grande; con lo cual soy reforzado y valorado por eso, por haber vencido el miedo.

Claramente no es necesario vencer al miedo del todo. No tengo por qué vivir todas las experiencias en la vida para poder hablar de ellas o sentir que he crecido. Para decir que he madurado no necesito experimentarlo todo. Yo puedo ser mucho más maduro y equilibrado diciendo que no, siendo así más valiente. Es más difícil hoy decir que no al sexo, a la droga o al alcohol, porque eso —como estamos en el mundo al revés— genera claramente un fuerte castigo social. Entonces, además de hacer las cosas bien, estos adolescentes tienen que cargar con la sanción social de sentirse ridículos y distintos. Generalmente, sus propios padres son castigados también por ser demasiado diferentes al resto de los padres, por ir contra la corriente y por ser anticuados. Esto genera, en consecuencia, muchos conflictos familiares, justamente por hacer lo correcto.

Hay que reflexionar qué pasa con el miedo; por qué es necesario traspasarlo si podemos usar su factor protector.

Otra característica general de la adolescencia tiene que ver con el aburrimiento, con la tolerancia, con entender las diferencias, con ver a mis padres como seres que, a pesar de ser estrictos conmigo a veces, en el fondo tienen una noble intención, que quizá no me va a beneficiar ahora, pero sí cuando tenga treinta años. Comprender eso me permite seguir amándolos, pero eso sólo se consigue cuando existe una buena comunicación familiar, y cuando hay valores y límites claros dentro de la familia; de otra forma, es imposible que un niño pueda sentir esa incondicionalidad, a pesar de ser castigado o reprendido, es decir, ser educado para asumir las consecuencias de sus actos.

También dentro de los peligros de la adolescencia está claramente la tecnología. Muchas veces los adultos no tienen acceso a ella por desconocimiento o por miedo a meterse en el sistema. Tampoco sabemos entonces si nuestros hijos tienen Fotolog o si pertenecen a Facebook.

Por otro lado, la sexualidad prematura es uno de los peligros mayores para los adolescentes, porque muchos de ellos no están preparados física, psíquica, emocional ni espiritualmente para poder iniciar una vida sexual. Nos encontramos también con la iniciación en las drogas y sobre todo en el alcohol, que es la puerta de entrada a todo lo anteriormente dicho. Además, está el hecho de cómo estos adolescentes manejan los cambios corporales, que son tan distintos a los de otras generaciones. Hoy en día una joven de quince años tiene cuerpo de mujer y se ve como tal, no como niña, como nos veíamos nosotras. Y con los hombres pasa lo mismo.

Ha habido también cambios en las conductas de género. A veces los hombres parecen más afeminados; usan planchas para alaciarse el cabello, por ejemplo; y las mujeres se ven bastante más masculinas y más gruesas, incluso corporalmente. Y, por supuesto, hay una generación de niñas que lucen un cuerpo de mujer grande, no teniendo la emocionalidad, la espiritualidad ni la madurez correspondiente a ese cuerpo. Entonces se produce una contradicción, que es uno de los peligros importantes que los padres debemos aprender a manejar.

Pero también nos encontramos con adolescentes —en el capítulo que viene— que yo llamo "los verdaderos adolescentes geniales", que son los que están haciendo bien las cosas. Porque hay un montón de adolescentes que se proyectan hacia los otros, que quieren cambiar los países en los que viven y que trabajan por sus sueños. En cambio, los que llamo "adolescentes cool" son los jóvenes que toman, que besan a cualquier mujer o a cualquier hombre, que flojean y que no estudian. Esos adolescentes son reforzados, observados y mostrados en las noticias como representantes de una generación.

De 9 a 11 años

Cambios

La primera etapa que vamos a describir es la que se inicia a los nueve años aproximadamente. Hoy día, la mayoría de los especialistas concuerdan con que en la pubertad se inician los cambios corporales, sobre todo de los caracteres sexuales secundarios en los adolescentes, los cuales tienen que ver con la aparición de vello, de mamas en la mujer o con el cambio de voz en los hombres.

Todos estos cambios de formación corporal hacen que a estos niños se les produzca una sensación de extrañeza con respecto a su cuerpo.

Las piernas les molestan y no las logran acomodar; generalmente las mantienen estiradas, porque dobladas les genera la incomodidad de que son más largas que el resto del cuerpo. Comprarse ropa en este periodo, tanto para hombres como para mujeres, es difícil, porque siempre las cosas les quedan largas de las mangas, cortas de las piernas o al revés, dependiendo de la estructura corporal que estos adolescentes tengan.

A estas transformaciones corporales se añaden situaciones que están asociadas a la autoestima. Los adolescentes se vuelven más desgarbados, aparecen las graciosas espinillas, el cabello se vuelve graso y cuesta más mantenerlo limpio. Por lo tanto, ellos tienden a experimentar muchos cambios emocionales con respecto a su imagen. Hay días en que las mujeres se sienten más lindas, otros en que se sienten más feas; algunas tienden a engordar, a engrosarse, y otras a adelgazar mucho. Los hombres empiezan a aumentar su complexión y el tamaño del tórax y muchos desarrollan tetillas, lo que a veces daña su autoestima. Hay que sobrellevar también el vello, que de alguna manera los hace sentirse grandes, pero al mismo tiempo les produce mucha incomodidad.

La palabra que simboliza en forma perfecta esta etapa de la vida es justamente *cambio*. Aquí todo cambia. Entre los nueve y los once años todo se está modificando permanentemente: el cuerpo, la estatura, el peso, la complexión, el cabello y la forma de la cara. La nariz tiende a hacerse más protuberante, porque el rostro no ha terminado de acomodar su estructura facial. Los adolescentes en general se sienten incómodos con la proporción tronco-cintura-pies. Las orejas también adquieren una preponderancia importante, generalmente las perciben más grandes en proporción al resto de la cara.

Toda esta metamorfosis es bastante silenciosa, es poco comentada, se hace evidente quizá cuando uno compra ropa o va al médico, pero no se habla desde lo profundo, desde cómo el adolescente vive solitariamente todo este proceso de cambios corporales.

Empieza también a aumentarles el sueño en forma notoria, cosa que a ellos les produce mucha extrañeza. Se incrementa la sensación de desidia o flojera, lo que los lleva a permanecer "echados" gran cantidad de tiempo, sin mucha explicación. El hecho de estar así los hace parecer apáticos, situación que antes de estos nueve años no experimentaban. Antes podían sentir incluso placer al hacer sus tareas y cumplir con sus deberes.

Producto de todos estos cambios hormonales, bioquímicos y físicos, comienzan a percibir malestar, que aparece por primera vez a esta edad. En la generación de estos jóvenes existe una dimensión adicional de lo mismo que podría haber experimentado en la actualidad la generación que cumple cuarenta años, o sea, sus padres. Porque nuestro malestar era más bien físico, de movimiento. Tendíamos a quedarnos pegados, estancados, físicamente hablando. El malestar actual va un poco más allá, es más bien existencial; es un malestar con la vida, los deberes y a las obligaciones, que se empiezan a apreciar como una carga.

Además, aparecen otros cambios, que son de personalidad. Los adolescentes se vuelven más introvertidos, más pudorosos, se ocultan más de los adultos, ya no quieren juguetear en la cama con los papás. Y los padres, lamentablemente, a veces permiten este alejamiento, con lo cual los niños empiezan a sentirse más solos.

Estos adolescentes tampoco quieren contar muchas de las cosas que viven a lo largo del día y se vuelven más agresivos. Por primera vez comienzan a sentir que las cosas les molestan, sin saber mucho por qué. Logran experimentar una sensación que antes era desconocida para ellos, que es la angustia, y aparece como un apretón en la boca del estómago, como un respirar corto, que tampoco ellos logran descifrar la causa. La mayoría de las veces tiene que ver con cambios hormonales, más que con cambios vivenciales o psicológicos.

Todos estos cambios emocionales van generando un aislamiento y, por lo mismo, conflictos con sus padres, que los empiezan a desconocer en este proceso de crecimiento. Les preguntan en forma muy incesante: "¿Qué te pasa?", "¿Por qué estás así?", "Tú no eras así antes, yo no te crié para esto". Frases que a ellos les producen además mucha culpa, porque tampoco hacen grandes reflexiones y empiezan las clásicas respuestas, agotadoras para los papás, frente a cualquier pregunta que se les hace, a lo cual ellos responden: "No sé, no sé, no sé", "Me fastidia hacer esto", "No quiero ir...".

Todo esto comienza a generar en el sistema familiar cierta inseguridad en la forma en que se está educando a los hijos. "¿Lo tengo que obligar?", es una de las preguntas de los padres, "¿Tengo que presionarlo a ir con los abuelos, por ejemplo, o lo dejo que no vaya?", "¿Respeto que no quiera ir a misa o a un rito judío o al templo?".

A los adolescentes esta inseguridad les hace sentir que muchas cosas ya tienen que ser decididas por ellos mismos, cuando no se sienten preparados para tomar tales decisiones, cuando no sienten que tienen los recursos internos ni externos para poder enfrentar esos temas; ahí la labor de los padres es fundamental.

Hay que obligar a ese niño a ir a la casa de los abuelos, a asistir a la iglesia de la religión que practique la familia; hacer que participe de ritos de alimentación, como sentarse a la mesa; integrarlo en situaciones como ir al supermercado, a la feria, a pagar cuentas. Que el adolescente se involucre en esos procesos para que esta confusión interior pase a segundo plano, en beneficio de una vivencia familiar más en conjunto, más participativa.

El papá y la mamá deben asumir este proceso de cambio no de manera negativa, sino de un modo positivo. Como un proceso de crecimiento y no como una cosa que les está arruinando la vida. Como algo que está haciendo a su hijo transformarse en adulto.

Esto también va a ir acompañado inevitablemente por la menarquia o la primera menstruación de la mujer; es de esperar que los padres sean capaces de festejarlo y no mencionarlo como un problema. Ojalá los papás le regalaran flores a su hija ese día, aunque la niña se sienta avergonzada, o que la invitaran a comer para celebrar ese hecho. Les aseguro que es algo que su hija no va a olvidar jamás.

En el caso de los hombres, ellos tienen alguna eyaculación nocturna, pero el primer indicador de este tránsito físico, emocional y de valoración social es mucho más difícil evaluarlo. Primero, porque los niños no tienden en general a contar cuándo la tuvieron. Segundo, porque la mayoría de las veces la detecta la nana o la mamá que descubrió algo en la sábana o en la pijama, aunque siempre uno tiene dudas si eso se debió a una conducta masturbatoria, la que también empieza a aparecer en esta edad. Y eso genera confusiones en la manera de enfrentar el tema con el adolescente.

Los papás que tienen éxito en este proceso son capaces de hablar el tema con toda naturalidad. Poder decirle a ese hijo, en una situación de intimidad: "Mi amor, es probable que a esta edad te ocurra que despiertes en la mañana y te des cuenta de que tuviste tu primera eyaculación. Esto es normal, forma parte de tu crecimiento y tiene que ponerte contento y no debes sentirlo como algo que te invada".

Lo mismo en el caso de la menstruación. Jamás señalar que las mujeres "nos enfermamos" una vez al mes, sino que menstruamos, que tenemos regla, pero no decir que nos enfermamos, porque inmediatamente hace que esa adolescente asocie este periodo a un malestar, a algo incómodo; que además trae consigo, porque así está dicho culturalmente, los días previos, que es lo que se llama síndrome premenstrual. Son días de molestia para el resto, anda como "loca", dicen, "está a punto de que le baje".

Estas frases que usamos las mujeres, "me va a bajar la menstruación", "¿no te ha bajado?", como si fuera algo que viene de los astros o de la luna, como algo externo a mí, en el que yo no soy protagonista de lo que me está pasando, generan —sobre todo en mujeres occidentales, latinoamericanas, urbanas— una valoración negativa de la menstruación, porque siempre está asociada a una "enfermedad" que viene una vez al mes, que además es un lío, porque me impide ir a la playa en el verano, me hace sentir hinchada, me produce espinillas, me genera mal genio y sensibilidad y no se me puede ni hablar.

Si uno observa, por ejemplo, a indígenas mapuches o habla con indígenas guatemaltecas (a mí me tocó convivir con ellas), se da cuenta de que perciben la menstruación como un regalo; es un signo de sabiduría, un acto de limpieza corporal, una descompresión desde lo físico, con lo cual se eliminan tensiones, angustias y lo peor de nosotros en forma maravillosa. Ellas entran en contacto con la tierra y se sienten más sabias, y también más sensibles en un buen sentido, porque en este periodo son capaces de desarrollar con mucha más fuerza la intuición femenina, para después depositar esto en su tribu o en el pueblo en el cual habitan.

Por lo tanto, es fundamental positivizar este periodo de la vida. Que sea visto desde el papá como un regalo y desde la mamá como un testimonio maravilloso y no como he escuchado muchas veces a las mamás decir: "Hija, qué terrible, ya te bajó, ahora hay que empezar a cuidarte". Es la sensación de que hay que vigilar a la hija porque ahora ya puede quedar embarazada. Entonces empieza todo un temor alrededor: hay que proteger a esta hija que está creciendo porque le llegó esta cosa maléfica que la va a acompañar por muchos años.

En cambio, si la positivizamos hacia un proceso de crecimiento real, evidentemente es más fácil que esa niña lo pueda experimentar como un regalo y como un florecimiento de su propia identidad que la hace reencontrarse con lo que significa ser mujer y no al revés.

En el caso del hombre hay dos cosas clave que manejar. Una es el tema masturbatorio; me podría referir también a la masturbación femenina, pero ocurre en menor porcentaje que la masculina, fundamentalmente por un tema corporal. Nosotras tenemos menos acceso visual a nuestros órganos sexuales, por lo que tendemos a tocarlos o a conocerlos con menor frecuencia que los hombres, quienes por tenerlos a la vista y por la erección matinal, saben que algo raro les está pasando y tienden a buscar o a curiosear con ese órgano mucho más que la mujer.

Probablemente, las mujeres debiéramos conocer mejor nuestra sexualidad y nuestros órganos corporales desde chicas, para saber cómo funcionan y frente a qué responden. No estamos tan entrenadas para la masturbación, porque además el acto sexual futuro que esa niña va a tener está depositado en el placer con el otro. Esto es parte de nuestro inconsciente colectivo como mujeres, por un tema cultural más que estructural. No nos produce el mismo goce a nosotras buscar un placer individual, solas. Hay mujeres que sí lo hacen fantástico y logran reencontrarse con ese cuerpo a solas y lo disfrutan, pero siempre va a ser más completo realizarlo con otro.

En el caso del hombre, como es una descarga física que no está acompañada por un componente emocional, se empieza a producir un cierto comportamiento masturbatorio. Esa masturbación en sí misma no tiene nada de malo, y creo que es importante reconocerlo con los hijos. Lo que sí es primordial destacar es que la conducta masturbatoria, cuando se vuelve muy repetitiva, es un indicador de conductas ansiosas o angustiosas en los varones que hay que descubrir. Es un síntoma de que algo no está funcionando bien. Generalmente tiene que ver con habilidades sociales escasas, sobrepeso o aislamiento social; son niños que pasan mucho tiempo solos y son adictos a la tecnología y a los videojuegos, lo que les aumenta la ansiedad y, por lo tanto, la conducta masturbatoria se convierte en una descarga frente a eso. Así como las niñas pueden estar muchas horas frente a la computadora y después de eso lo que van a hacer es comer, generalmente cosas dulces, harinas o azúcares para poder, de una u otra manera, calmar la ansiedad que les provocó estar inmersas en la tecnología.

Entonces la conducta masturbatoria representa un síntoma o signo de otras cosas que los padres tienen que preocuparse por descubrir; está mostrando el hecho de que mi hijo no es capaz de verbalizarlo o de solucionarlo con otras variables. El deporte, por ejemplo, es una estupenda manera de eliminar la ansiedad y lograr que la conducta masturbatoria no se presente. De otra forma, tiende a generar adicción, y eliminar una conducta adictiva masturbatoria de un niño o de un adulto es un tema complejo; no es menos complicado que otra adicción. Cuesta mucho eliminarla, ya que se vuelve un vicio nocivo para el alma, porque deja la sensación, como todo vicio, de vacío interior o de mucha soledad, después de que esto se experimenta o se vive. Este tema no se comenta mucho, pero es importante hablarlo. Cada vez que me toca abordarlo en las charlas, los adolescentes lo agradecen, porque uno les aclara muchas dudas.

Hay una gran cantidad de mitos relacionados con la masturbación: que el pene te va a quedar chico, que vas a tener mala sexualidad en el futuro, que te va a dar tendinitis en la mano, que te van a aparecer verrugas en la palma de la mano, etcétera. Millones de cosas que son expresadas evidentemente por los adultos, aunque nada de eso pasa. Pero sí es importante que los jóvenes tengan claro, como información, que la masturbación excesiva es un signo de otro problema, no como una conducta negativa en sí misma sino de algo está que pasando en ellos que hace que eso suceda. Por otro lado, los cambios de voz tienen también consecuencias de autoestima muy importantes en los niños. La famosa era de la voz chillona complica mucho la expresión verbal de los varones, sobre todo cuando tienen que exponer trabajos en sus colegios. Es importante que los profesores pongan atención en este tema y que controlen el hecho de que los demás no se burlen del compañero que está exponiendo o que utilicen otras técnicas metodológicas en ese periodo, para que el adolescente no tenga que evidenciar esas variables y matices de voces que generan risas, burlas y *bullying* en algún momento.

También se asocia a esta misma etapa el comienzo del *bullying*. En general, como se produce una gran cantidad de cambios corporales, hay muchas cosas de las cuales nos podemos reír: del obeso, del lampiño, del que es extremadamente peludo, de quien tiene acné, quien usa lentes, quien es el más bajo de estatura que el resto, del que creció en extremo, del que tiene mucha espalda, del flaco...

Por lo tanto, es importante aquí la conciencia familiar respecto de la diversidad; de entender, desde la familia, que ésta es una etapa de tránsito, que es un proceso de crecimiento. Le tengo que enseñar a mi hijo a empatizar con la realidad de los otros y que él tiene que asumir su cambio. Aceptar si no tiene vello o si lo tiene en exceso; si es alto o bajo, y no discutir con los otros para defender una posición que es insostenible. O sea, si a mí me molestaban por mi apellido Sordo, yo no podía reclamar esa burla, aunque cada vez que pasaran lista dijeran: "Señorita, repítale el apellido porque ella no escucha". Yo aprendí a reírme de eso, porque era verdad, mi apellido es divertido. Y si yo soy más alta que el resto y me dicen "palitroque", "edificio" o lo que sea, me tendré que aprender a reír de mi altura. Es parte de mi proceso de autoconocimiento, y en esto los padres son importantes.

Que no digan frases como: "No les hagas caso, mi amor, es pura envidia, porque a todos les gustaría ser igual de altos", o "Mi amor, no tomes en cuenta que te digan gordita, porque están resentidos, porque tienes estupendas notas". Si mi hija tiene sobrepeso, yo me tengo que hacer cargo como mamá y decirle: "Efectivamente te deben estar molestando porque estás más gordita que el resto. Aunque, yo te voy a ayudar a que bajes de peso, pero no para complacer al resto, sino porque el sobrepeso a ti no te hace bien. Y si te molestan con eso, tú di: 'Sí, estoy tratando de bajar de peso, porque dados los cambios que estamos teniendo todos nosotros, tú por tu voz, tú por tu estatura, yo me tengo que ocupar de mi sobrepeso'".

Todo eso disminuye la frecuencia de las burlas dentro del circuito y de esta manera podemos entender que el otro está experimentando realidades distintas a las mías, pero que en definitiva todos estamos en el mismo proceso. Ningún niño está ajeno a los cambios. Los papás, por lo tanto, tenemos que desarrollar la empatía, la capacidad de comprensión para que estos niños nunca se vuelvan agresores, porque en esta etapa, sobre todo cuando ya bordean los once años, ya podemos tener niños agresores en las aulas. A ellos les es más fácil agredir a otros porque así nadie se fija en sus propias inseguridades, sino que están pendientes de la conducta agresora que tuvieron. Estos niños tienden a ocultar, bajo la agresión, que tienen problemas familiares o diversas inseguridades internas que descargan en el colegio.

Hay un tema en el cual me tengo que detener, porque no deja de ser complicado, que es la configuración de amistades por género. Efectivamente, las mujeres en esta etapa empiezan a tener el concepto de la "mejor amiga" y esto a la larga esclaviza, amarra a una niña a otra, y como están en un proceso de cambio constante, lo más probable es que una de las dos termine por desilusionarse de la otra, no por maldad, sino "porque crecí, porque me interesan otras cosas, porque si hace una semana me encantaba comprarme ropa, ahora no tengo ganas y si te lo digo tú te sientes mal con eso".

Entonces se produce toda una serie de desilusiones y quiebres, lo cual genera, además, una complicación en las madres de estas niñas que crecieron siendo amigas. Se empiezan a llamar y comentan: "¿Qué les ocurre a nuestras hijas? Bueno, estarán creciendo, ya se les pasará", y no le darán mayor importancia, porque es la conducta más sana. De lo contrario se formaría un problema, en el que obligamos a las niñas a que se hagan amigas de nuevo, porque las mamás, asimismo, son amigas.

Y lo peor es que a esta edad también se forman triángulos, una combinación fatal. Porque siempre una de estas tres amigas va a tener la sensación de que la consideran menos, de que fue la última en ser invitada al cine o a un cumpleaños. Esa sensación de exclusión genera verdaderas crisis de angustia en las niñas y en forma muy intensa. A veces por mal manejo de los adultos o por la sola concepción de que las mujeres tenemos de la amistad: que para poder tener amigas, éstas deben ser exclusivas.

Nos cuesta entender que lo más sano es que yo sea amiga de todas, ojalá de la mayoría de ellas. Así con una podré hablar de religión, con otra me reiré porque es divertida y cada vez que me quiera divertir me juntaré con ella; hay otra con la que me encanta salir a comprar ropa, y así sucesivamente. Cuando las mujeres empecemos a entender que no vamos a encontrar el ser completo que nos gratifique en todas las cosas que nos sucedan, menos a esta edad, en la cual ni siquiera sabemos lo que nos pasa, entonces lograremos vivir mejor la dimensión de la amistad.

Además, como las mujeres maduran antes que los hombres, empiezan a establecer vínculos más profundos entre ellas, con lo cual se apartan de los hombres, que siguen jugando a la pelota, que siguen molestando, así la clásica frase de las niñas de esta edad es: "¡Basta, Joaquín; basta, Joaquín! Por favor, deja de molestar". Y Joaquín insiste y vuelve a insistir, porque los hombres tienen a esta edad un pensamiento que llamo "adhesivo", que es quedar pegados molestando. Es por ello que fastidian, arrojan agua, ponen un cartel en la espalda del amigo, etcétera. Muchas veces lo hacen sin mala intención, porque son bastante más inmaduros que las mujeres, quienes a esta edad ya empezaron a vivir en otra dimensión las relaciones interpersonales.

Por lo tanto, los intereses de niños y niñas entre los nueve y once años son distintos. La niña va a empezar a preocuparse por verse bonita; el niño va a querer un videojuego. Y ésta es la edad crítica para los videojuegos, aquí hay un tema de crisis, porque van a querer tener el Wii y todas sus versiones, porque de alguna manera no tienen muchas habilidades sociales. No saben hablar y les cuesta desarrollar una conversación larga, entonces el juego es un vínculo de comunicación. Y ahí es importante que los papás reflexionen. Si hay un juego que yo rescato es el Wii, porque te permite jugar con tu hijo y además hacer ejercicio. Los otros juegos, en cambio, son muy individuales y con poco control de parte de los padres.

En las niñas es importante percibir los cambios de peso. Así como en el hombre la conducta masturbatoria es un indicador de conflictos sociales, en las mujeres el hecho de comer excesivamente es un fuerte revelador de síntomas ansiosos, sobre todo con amistades, y lo más probable es que el problema tenga que ver con otras mujeres, con el rendimiento o con habilidades sociales. Por lo tanto, cuánto come, qué come o cuán ansiosa está son factores que los padres, sobre todo la mamá, debieran observar y aprender a regular en forma clara. Los papás tienen que entender cuáles son los cambios corporales que están sufriendo sus hijos o hijas, los cambios de carácter que también están experimentando, los cambios sexuales que viven, producto de la llegada de la menstruación y de la primera eyaculación nocturna, y los cambios de amistades que de alguna manera tienen.

Toda esta metamorfosis interna y externa produce inevitablemente una baja en el rendimiento escolar. En general, son pocos los niños que logran mantener el tema del deber como algo asociado a la voluntad y al esfuerzo, porque las ganas evidentemente no las tienen; están "desinflados" corporalmente. Y los niños que logran mantener la estructura del deber tienen que aceptar además la primera sanción social de ser llamados *nerds*, porque no juegan igual que los otros niños, tienen poca capacidad deportiva o son más torpes. Por consiguiente, compensan esta falta de habilidad social con los estudios. Esta escasa adaptación debiera ser reforzada por los padres, quienes podrían llevarlos a deportes colectivos o individuales para que, de alguna manera, sientan que tienen alguna destreza para algo que no sea solamente el estudio.

Pero los niños que mantienen un buen rendimiento académico son los menos, y generalmente son más las mujeres, porque a los hombres les cuesta retener la información y se les olvida más el contenido de la asignatura a esta edad, y así siguen durante varios años de la época escolar. En los colegios mixtos, por ejemplo, las mujeres de esta edad tienen normalmente mejores notas que los hombres.

En el ámbito del rendimiento creo que lo más importante es recalcar el tema de la voluntad, la valoración del esfuerzo, de que en casa nunca se pierda la conciencia del deber por sobre el placer, el desarrollo y la búsqueda de talentos de los hijos, es la gran misión de los papás a esta edad. Ya puedo percibir como padre para qué es bueno mi hijo y empezar a buscar medios públicos o particulares para canalizar esos talentos, aparte del refuerzo constante de lo académico, que es en lo que tienden a detenerse mayoritariamente los papás. De hecho, cuando uno les pregunta a los niños a esta edad qué es lo que más les preocupa a sus papás respecto a ellos, responden que el rendimiento académico. Se produce el absurdo de que los padres pensamos que si un niño tiene buen rendimiento, está funcionando bien en la vida, entonces pareciera ser que no hay problemas subterráneos, y eso no necesariamente es así. Un niño puede estar escondiendo conflictos potentes con muy buenas notas. Ahí es donde recalco estos otros matices, que tienen que ver con el tema de la comida en las niñas, con la masturbación en los hombres, con la adicción a los video-juegos, etcétera.

Hice una investigación que aparece en el libro que escribí con el humorista chileno Coco Legrand, donde pruebo que los niños a esta edad no pueden o no debieran estar expuestos a cualquier tipo de pantalla más de una hora al día. Entonces, si un niño se escapa de ese promedio, puedo interpretar que será más desobediente, tendrá tendencia a pelear más con los hermanos, comerá más, desarrollará problemas de sueño, estará más irritable y también se debilitará su contexto social. Por lo tanto, el tiempo que mi hijo pasa frente a una pantalla tiene que mantenerse dentro del promedio, y el resto de las horas de ocio ocuparlo en potenciar los talentos que yo empiezo a percibir en él.

También es importante a esta edad no perder nunca el contacto con los abuelos y con los primos; reforzar asimismo la buena relación con los hermanos, ya sea con los mayores, que funcionan como una especie de padres sustitutos y que son bastantes exigentes porque los sacan de las habitaciones y los tratan mal, o con los más pequeños, que los molestan, les rompen papeles y les dibujan los cuadernos. Entonces, es un periodo intermedio muy complicado en la relación entre hermanos, en la cual es fundamental la labor parental para poder establecer pautas de negociación entre hermanos para que, de alguna manera, eviten los términos agresivos entre ellos.

Hoy en día es súper frecuente escuchar en esas edades frases como: "mátate", "desaparece", "te odio", "sal de mi habitación", "yo no quería que tú nacieras", etcétera, que es muy distinto al contexto rabioso que nosotros teníamos con nuestros hermanos cuando les decíamos: "Eres adoptado", aunque podía ser igual de traumatizante, pero al final uno tenía la lucidez de saber que eso no era verdad; lo que es distinto a decir "te odio", frase que mi generación nunca usó.

Y ahí es donde los papás tienen que ser absolutamente intransigentes y desterrar esas palabras, castigarlas y establecer vínculos de comunión entre los hermanos. Lo que propongo: sentarse a la mesa todos juntos es clave. Ver en un solo televisor los programas preferidos, ya que de esa forma estarán todos los hermanos reunidos; es decir, yo —como hermano mayor— vea lo que mi hermano chico ve y, por consiguiente, sea capaz de saber si eso le hace bien o no, y pueda contarle a mi mamá. Que mi hermano menor, a su vez, sea capaz de desarrollar generosidad e incluso pueda retirarse de la TV porque hay un programa que a su edad no puede ver y su hermano mayor sí.

Lo otro importante es establecer entretenimientos en los cuales todos puedan participar: naipes, rompecabezas, dominó... juegos antiguos, pero que de alguna manera hacían sentir que había una cohesión entre los hermanos. Generar la posibilidad, por ejemplo, de que los hermanos preparen un plato de comida. Recuerdo que cuando mis hijos tenían esta edad, yo me quedaba voluntariamente en cama algunos sábados. Por esa razón, los niños tenían que preparar el almuerzo. Probablemente, comí tallarines recocidos muchas veces, pero se trataba de lograr que prepararan cosas juntos, por supuesto había peleas y mi hijo decía: "Ella no me deja ayudar", entonces mi hija respondía: "Es que no hace las cosas como yo le digo". Eso generaba a la larga una comunicación, un conocimiento entre ellos.

Este periodo es importante para reforzar la relación entre hermanos. Si no se hace en ese momento, va a ser muy difícil que se viva en la adolescencia una relación profunda y sólida entre hermanos; no importa que se produzcan peleas, porque siempre las va a haber, pero sobre una base afectiva que la madre o el padre ha estimulado.

Y en ese sentido no puedo dejar de recalcar que en esta edad es necesario que los niños se aburran, y que ellos descubran por sí solos juegos, que inventen cosas; que no sean los papás los que tengan que llevarlos a pasear, los que les contraten a Barney para el cumpleaños o a alguien para que les pinte las caritas, que los lleven al McDonald's, o que las tías les canten, porque eso genera en los niños la sensación de que ellos no pueden entretenerse por sí solos. Ésta es la edad en que la televisión, los videojuegos e internet también los entretienen, y ellos pierden la capacidad de divertirse solos. Entonces, hay que tratar de que se aburran, de que no tengan contacto con la televisión, de que inventen juegos, sobre todo de roles, como la oficinista, la vendedora, el secretario, lo que sea, es importante para el desarrollo de sus habilidades sociales.

Aquí también empieza otro proceso en el que no puede haber libertades si no hay responsabilidades cumplidas. Los niños tienen derechos —qué duda cabe—, pero además tienen deberes y obligaciones para ir puliendo su temple y configurar un carácter sólido.

Por último, para esta etapa me gustaría mencionar que su vida social sólo debe transcurrir en casas y en horarios de día. No corresponde que salgan de noche y menos que comiencen a experimentar cosas que no necesitan, como, dependiendo del caso, un celular u otros dispositivos, porque si nos adelantamos mucho, se transforma en una escalada que nos será difícil contener.

La misión de esta edad es aceptar el proceso de cambio, aprender a relacionarse con amigos y familiares en forma fluida y permanente, y no disminuir el rendimiento académico.

De 11 a 13 años

Del cambio al terremoto

Entre los once y los trece años hay una edad aparentemente tranquila, y digo "aparentemente" porque es un periodo en el cual los cambios físicos, si bien se siguen produciendo, son de mucha menor intensidad, y aunque tengan la misma fuerza, ya son conocidos por los adolescentes; en consecuencia, los saben manejar. Aprenden a controlar el tema de la menstruación y a asimilar los cambios de voz. Generalmente, algunos niños a esta edad ya tienen una voz bastante más firme, que no es la definitiva, pero sí es mucho más estable.

Las niñas ya empezaron a aceptar, aunque con dificultad, otros cambios corporales: el desarrollo del busto, por ejemplo. Pueden incluso jugar con conductas que incentivan, a mi juicio, en forma exagerada, comportamientos eróticos en relación con eso. Aparecen las primeras fotos en Facebook, mostrando ya cuerpos de niñas bastante más grandes.

Hay un cambio morfológico que no es menor en las generaciones nuevas de niños. Éstos se ven más grandes que la edad que tienen, ya sea por tamaño, por estructura, incluso también por características sexuales secundarias. Las niñas tienen busto mucho antes y más que las generaciones antiguas. Esto, en contraste con sus estructuras mentales, infantiles todavía, lo cual es peligroso, ya que mantienen sus almas de niñas, temerosas, inseguras, no conocedoras del mundo ni de los riesgos de la vida, pero inmersas en un cuerpo de grande o de casi adulta que les permite jugar con la ambivalencia. Entonces, a ratos, son niñas, muy juguetonas y apegadas a su casa, y otras veces quieren ser grandes, independientes y exhibir su crecimiento. Y esa ambigüedad es la que caracteriza a esta etapa entre los once y trece años, tanto a hombres como a mujeres.

En este periodo también empieza a aparecer con mucha mayor fuerza la búsqueda de una identidad personal, la respuesta del "¿quién soy yo?", después de toda esta cantidad de cambios que han experimentado desde los nueve años. Es una pregunta que ellos se hacen y que muy pocos papás son capaces de entender. En general, los padres viven esta etapa como una carga, porque tienen que trasladar a los adolescentes a cumpleaños, con todo el problema de los horarios que esto implica: ¿hasta qué hora puede ir mi hijo a un cumpleaños? También se hacen la siguiente pregunta: ¿puede ir a una fiesta una niña de trece años? Claramente la respuesta es no, no puede. Lo que sí tiene que hacer, y es la misión de esta edad, es establecer vínculos afectivos sanos con amigos y con amigas. No podría tener pareja a esa edad, no debería. No es adecuado ir a fiestas nocturnas; aunque sí debería juntarse en casa de amigas, vigiladas por padres presentes. Debería participar todavía en actividades, cumpleaños, películas que tengan que ver con temas infantiles y no con temas de adolescentes, para no hacerlos crecer demasiado rápido.

Esto se contrapone con la pertenencia o el deseo de pertenecer a determinados grupos. No dejo de preguntarme por qué es tan fuerte actualmente este tema, porque si bien todos, cuando fuimos adolescentes, quisimos pertenecer a un cierto grupo, era mucho menor la efervescencia, la caracterización, y se notaban menos nuestros gustos por determinadas cosas. De hecho, recuerdo que con mis amigas nos vestíamos más o menos parecidas, pero no seguíamos a ningún modelo. Nos podía gustar algún cantante (por ejemplo, yo era fanática del cantautor Fernando Ubiergo, me sabía todas las letras de sus canciones y las cantaba), pero eso no influía necesariamente en mi mundo privado.

Hoy día, esos gustos sí intervienen en el mundo privado: en mi vestuario, en la forma en que me comporto, hasta en cómo hablo y qué valores tiene asociado mi grupo. Entonces empieza uno a preguntarse por qué es tan fuerte esta formación de grupos dentro de las escuelas, en las que cada grupo es distinto al otro. Creo que tiene que ver —y así me lo han hecho sentir los mismos adolescentes— con la falta de arraigo que tienen en sus casas.

En la medida en que en las casas no hay una identidad propia, no se invita a amigos de distintos grupos a tomar té, a ver televisión o a hacer una tarea, y los padres empiezan a perder el control sobre sus hijos, quienes hacen sus trabajos en otras casas y comienzan a formar parte de grupos que los papás desconocen; ya no son los compañeros del colegio, sino que personas con las que probablemente chatearon o se encontraron en una plaza. Ahí es donde, como padre, tengo que preguntarme qué pasa en mi casa, qué hay ahí que hace que ellos busquen su identidad fuera y no dentro del hogar.

Los papás tenemos que hacer todo lo necesario para retener a nuestros hijos en el hogar, es decir, que los amigos vengan a nuestras casas para que así nuestros hijos no salgan a otras permanentemente; pueden hacerlo de manera ocasional, pero yo debo saber dónde van, los tengo que llevar e ir por ellos, conocer a los padres de sus compañeros de curso para poder hablar con ellos y saber cuáles son los códigos que esa familia tiene.

Es en este periodo en que los papás empiezan a experimentar los primeros indicios de pérdida de control de ciertas variables. Por ejemplo: no saber quién chatea con su hijo.

A esta edad, sobre todo las mujeres, tienden a chatear muchísimo y no siempre con personas conocidas. Entonces, se vuelve importante que la computadora no esté en la habitación de los niños, sino donde yo pueda pasar y mirar con quiénes están chateando. No preguntarle ni entrometerme, pero si la computadora está a la vista, por lo menos tendré elementos de control.

Y eso nos obliga, como mamá o como papá, a mostrarles y a obligarlos a cierta diversidad grupal, para que puedan contactar no sólo con el grupo de referencia que usualmente tienen —que incluso puede ser muy adecuado—, sino también con otros que piensen distinto, para que aprendan a seleccionar y a mirar diferentes formas de pensar o de vivir.

Para eso es importante que yo les muestre otras formas de vivir, que les muestre la vida en forma real. Si tengo una situación económica acomodada, debo mostrarles situaciones desprovistas. Si soy una persona de recursos más escasos, tengo que acercarlos a situaciones acomodadas y explicarles que eso se obtiene con esfuerzo, con estudios, con trabajo y que, por lo tanto, ellos pueden aspirar a eso si ponen todo su empeño. Claramente, mostrar la alternancia social es un deber que a esta edad es clave para que el niño entienda que, dependiendo de su esfuerzo puede, o no, lograr los sueños que el día de mañana tendrá que configurar.

También es a esta edad cuando todo parece calmarse: el fastidio, como fenómeno de respuesta y de acción, es el fenómeno de la edad. O sea, el aburrimiento, el poco movimiento, la desmotivación, el que las cosas entusiasmen por un rato y dejen de entusiasmar al segundo siguiente, el que yo compre algo y después no me parezca nada entretenido, es parte de los procesos de este ciclo de edad. Aquí también es importante que el adolescente tenga la posibilidad de contactarse con realidades distintas a las suyas. Entre los once y los trece años es crucial que el adolescente mire otros contextos familiares, económicos y morales. Y asimismo valore si el suyo es bueno, y si no lo es, pueda criticarlo y pedir los cambios necesarios.

Por ejemplo, en una jornada que hice de mamás e hijas, una niña de quince años le decía a su madre que otra compañera de curso tenía una sala de TV en su habitación. Me quedé callada y le pedí a la mamá que le respondiera, pues quería saber qué le decía. La mamá era bastante centrada, y le señaló: "¿A ti te parece bien que la tenga?". "Me parece cool, mamá", le respondió la niña. Entonces la mamá le preguntó: "¿Y esa niña cuándo sale a conversar con sus papás?, ¿cuándo se junta con su mamá y hablan como tú y yo lo hacemos en nuestra casa, mientras cocinamos o cuando nos sentamos a ver la tele que tenemos en la sala de estar?, ¿cuándo se produce eso?". "Ah, no, nunca, en realidad se lleva pésimo con su mamá, nunca habla con ella." La mamá le insistió: "¿Entonces porque tiene sala de TV, no tiene necesidad de salir?". Así la niña se dio cuenta y le dijo: "A lo mejor tienes razón, tal vez no es tan cool tener sala de TV en la habitación".

Pero para lograr lo anterior debe existir la posibilidad de que esa conversación se genere y que, de una u otra manera, estos adolescentes puedan visualizar otras realidades.

Es la mamá quien financia la compra de ropa, por ejemplo; eso es lo más asombroso. Como mamá financio que la niña se vista de negro si, por ejemplo, es gótica; en consecuencia, yo soy responsable entonces si la veo pintada con la cara blanca, la boca oscura y vestida de negro; y si me parece espantosa y la critico, es decir, debo tener la capacidad de reconocer que yo patrociné aquello. Y eso tiene que ver con un tema de control parental.

Yo como mamá tengo que tratar que ellos, si pertenecen a un grupo, tengan la suficiente información sobre los valores que ese grupo lleva encubierto. Entonces, si a mi hija le gusta Hannah Montana, yo como mamá tengo que conocer a Hannah Montana y saber qué valores tiene; por lo tanto, tengo que ver y meterme en la serie. Y preguntarle a mi hija: "¿A ti te parece bien que esta niña sienta que lo más importante es comprarse ropa y no hacer otras cosas? ¿Qué cosas buenas hace Hannah Montana que a ti de verdad te provoquen admiración y que te hagan querer ser como ella?". A lo mejor va a decirme que se ve bonita, que se preocupa por ella misma; perfecto, ni un problema, eso hay que copiarlo. Pero hay otras cosas que Hannah Montana tiene que probablemente son superficiales, son frías y que a mí no me gustaría que las tuviera mi hija. "¿Por qué no miras bien si hay algunas cosas que podrías copiarle a Hannah Montana y otras no?"

Para eso yo tengo que formar parte del proceso. Los papás, cuando empiezan a ver estos fenómenos en los niños, se alejan y comienzan a mirar desde fuera esta película que no les gusta ver, pero no hacen nada, no conocen esa realidad y no pueden influir. Insisto en que a partir de esta edad, y por lo menos hasta los dieciocho años, se inicia un proceso clave que consiste en hacerles a los niños buenas preguntas que darles buenas respuestas.

Para eso debo tener la capacidad de preguntar: "A ver, ¿por qué quieres vestirte de negro?, ¿qué te hace sentir el negro?, ¿estás deprimida?, ¿estás triste?, ¿por qué el negro hace sintonía con tu alma?". Y eso el adolescente tiene que ser capaz de responderlo, porque si va a representar un rol en la sociedad, tiene que estar convencido del rol que representa. Todo tiene que ver con la convicción de lo que estoy viviendo. Entonces yo puedo permitirle a un hijo, que tiene buen rendimiento y que es cariñoso conmigo, que se vista de negro durante cierto periodo, siempre y cuando eso esté asociado a una posición sólida que ese niño mantenga durante ese lapso, porque eso me da la tranquilidad como mamá; saber que es un periodo que va a pasar.

¿Cuándo no pasa el tema? Cuando está solamente apoyado en el grupo. Yo soy del grupo porque ahí están Luis,

Pedro y Diego, y si yo dejo de ser como ellos, pierdo a mis amigos. Entonces, mi amistad está determinada solamente por esa configuración. Lo que el niño tiene que entender es que si Luis, Pedro y Diego son sus verdaderos amigos, van a seguir siéndolo aun cuando él no sea parte de un grupo especial. De otra forma, quiere decir que nunca fueron sus verdaderos amigos. Por lo tanto, siempre tiene que haber algún adulto que regule. No puede regularlo el adolescente por sí solo a los trece años si no tiene las habilidades para poder hacerlo.

El tema de las tribus urbanas es un llamado de atención a los padres y a cuestionarnos cuán atractivas son nuestras vidas en nuestros hogares. ¿Qué hace que nuestros niños quieran salir de ahí, a formar grupos afuera, y no quieran traer a sus casas las amistades o los vínculos afectivos que van formando? Eso es una alerta. Hoy no nos podemos sentar en las salas de estar de nuestras casas porque todo está impecable siempre. Todo está tan aséptico y desinfectado que molesta estar ahí. No hay redes de comunicación entre la familia porque cada uno está en su sección: el papá con su laptop o haciendo algo en el estudio, la mamá está en la cocina, el hermano mayor está usando la computadora, el hermano del medio se encuentra usando la suya si es que hay dos computadoras, y si sólo hay una, están peleando para poderla usar. Y no hay espacio para conversar; la comida es algo rapidito, el concepto de sobremesa no existe. Entonces les pedimos a los niños que se vayan y a esta edad los empezamos a "echar" de las casas. Cuando se les echa a los trece años, difícilmente van a volver a los quince o a los dieciocho.

Hay otra anécdota: también en un taller de padres e hijos en un colegio, se me acercó un niño de aproximadamente trece años, y me dijo: "Sabes que yo cuando chico era súper comunicativo; yo llegaba del colegio y hablaba y hablaba, y le contaba a mi mamá todo lo que me sucedía: que en matemáticas esto, que el recreo esto otro, que mi amigo me convidó un pastelillo, que empezaron a vender unos alfajores muy buenos; todo lo contaba. Y ahora estoy súper extrañado, porque ya no hablo nada en la casa". Entonces le señalé: "Bueno, pero puede ser que el proceso de adolescencia te esté introyectando". "No —me dijo—, yo creo que hay otra cosa." Entonces le indiqué: "A ver, pensemos, ¿qué hacían tus papás antes, cuando tú llegabas hablando?, ¿cómo reaccionaban?". Ahí el niño se empezó a reír y me respondió: "Ellos siempre me hacían callar, 'habla rápido, sintetiza', me decían; hay que pagarte para que te quedes callado". Por mi parte empecé a reír sola y él encontró la respuesta: "Ahí está la explicación, o sea, ellos me obligaron a quedarme callado". Entonces le dije: "Ahora tú harás el trabajo inverso. Si tú eras sociable, tienes que recuperar el tema". Media hora después se acercaron los papás y me dijeron: "Queremos preguntarte algo. Estamos preocupados porque nuestro hijo, que tiene trece años, cuando chico era súper expresivo y no sé por qué se ha vuelto ahora tan callado. ¿Tendrá que ver con la adolescencia?". "Bueno —les señalé—, un poco, pero él ya tiene la respuesta, así es que yo prefiero que se las diga él." Llamé al hijo y le indiqué: "Joaquín, tus papás me acaban de preguntar por qué cuando chico tú eras tan hablador y ahora no hablas casi nada. Cuéntales lo que conversamos". Y el niño les contó y los

papás comenzaron a reírse, pero con algo de culpa, y afir-
maron: "Le inhibimos la personalidad sin darnos cuenta".

O sea, con estas cosas rápidas de la vida, de "háblame
rápido", "hay cosas que hacer", "hay que irse", objetivamente inhibimos la personalidad de nuestros hijos. Eso mismo
nos pasa a muchos padres que no nos damos cuenta de cómo nuestros comportamientos generan consecuencias permanentes en las personalidades de nuestros hijos, de las
cuales después nosotros nos vamos a quejar.

Por ejemplo: si yo a esta edad le permito a mi hijo que
se suba al auto con un iPod, un MP3 o lo que sea, y va escuchando música mientras voy manejando, he perdido en el
trayecto una cantidad de posibilidades enormes de poder
conversar con él. Entonces, cuando él sea grande y yo quiera conversar en el auto, él, con los audífonos o sin ellos, no
va a hablar conmigo porque el hábito lo generé yo.

Es como los antiguos viajes que se tenían con los papás, donde uno se aprendía los nombres de los puentes,
contaba cuántos escarabajos se encontraban en el camino,
el camión con más ruedas o las matrículas terminadas en
tres, y eso generaba que uno estuviera conversando todo el
tiempo. Esos ritos que nosotros mismos como adultos hemos dejado de practicar tienen consecuencias directas en
la comunicación de hoy con nuestros hijos. Y cuando nos
espantamos y decimos "¿pero por qué nuestros hijos no con-
versan con nosotros en la mesa?", es porque no hay tiempo
para conversar, porque se sirve y se come rápido, porque
hay que pararse pronto para seguir haciendo cosas.

La sobremesa se eliminó, porque para nosotros era
molesto estar sentados tanto rato escuchando a los abuelos;

entonces liberamos de esa responsabilidad a los hijos y, al hacer esto, que aparentemente es un acto de solidaridad, terminamos por romper con la comunicación familiar, en la que escuchaba a mi abuelo los fines de semana y tenía contacto con él. Hoy día tampoco hay contacto con los viejos.

Entonces, esta generación empieza a desapegarse de la familia a esa corta edad y un montón de ritos dejan de funcionar. Y esto sucede por propia voluntad de los padres, porque objetivamente perdemos, a mi juicio, la noción de que con esos ritos estamos enseñándoles a nuestros hijos habilidades sociales y éticas que los van a acompañar toda la vida. Es como si no le diéramos importancia a ciertos detalles, como por ejemplo dejar de decirle a los niños en la mesa: "Baja los codos y límpiate la boca antes de tomar el vaso", "Ponte la servilleta en las piernas" o "Ayuda a tu mamá a levantar los platos".

A esta edad es clave tener toda esa formación de hábitos, porque todavía hay cierta docilidad de espíritu. Si realizo esta formación con los adolescentes de esta edad, quiere decir que de aquí para adelante va a ser mucho más fácil que ellos entiendan que tienen que dejar su cama hecha cuando se levanten los fines de semana y que nadie la va a hacer por ellos; que hay una cierta hora para levantarse en las vacaciones; que si se tomaron un vaso de cualquier bebida, tienen que llevarlo a la cocina para que la mamá no ande recolectando todos los vasos al final del día.

Si eso no se educa en ese momento, estamos perdidos. O sea, después se podrá hacer, pero va a costar enderezar ese árbol si entre los once y los trece años no se pudo lograr. Lo ideal es haber iniciado entre los nueve y los once, incluso mucho antes. Hoy día un niño a los cinco años puede hacer una cama; por consiguiente, de ahí en adelante podrías seguir educándolo. Si no se procede de esta forma, parecerá que el hijo hace lo quiere, que te dejó de obedecer, que algo raro le pasó. Además, nosotros nunca nos vemos como los responsables de esa generación (eso me asombra de los padres, sobre todo en América Latina). El problema lo tiene el adolescente "No sé qué le pasó a este niño, era tan distinto antes", esas frases se escuchan constantemente: "Es que era tan diferente, ayudaba en todo, siempre estaba contento y ahora es un desastre". Entonces, la pregunta debe ser qué cosas dejaste de hacer tú que antes hacías, como darle el beso de las buenas noches, consentirlo con un chocolate de vez en cuando, decirle que lo quieres o ponerte a conversar con él. Si antes jugabas con tu hijo, ahora no haces nada. Objetivamente nada. Y eso, los adolescentes de trece años son capaces de diferenciarlo y entenderlo.

Otra cosa que ocurre a esta edad es comenzar a mirar al sexo opuesto como algo medianamente atractivo. Esto lo exige el mismo proceso social. Los papás tienen que ser capaces de poner límites y no permitirles a los niños asistir a fiestas, sobre todo nocturnas. Haciendo este tipo de cosas, por ejemplo, uno como padre va a mantener frenado el tema sexual; de lo contrario, se pierde el control y claramente habrá una especie de efervescencia, no sexual, pero sí de conquista o de una autoestima asociada a que el otro me considere atractivo o no. Y eso puede ser peligroso si se empieza a instalar justamente a esta edad, porque quiere decir que a los quince años ya hay besos y otras cosas. Los papás debieran tratar el tema con límites: los hijos aún deben actuar como niños y no como adolescentes casi con "experiencia".

Lamentablemente en Latinoamérica no podemos desconocer que hay un porcentaje no menor, entre los trece y los catorce años, que se inicia sexualmente. De acuerdo con mis estudios, sesenta por ciento de las niñas entre los trece y los catorce años que se inician sexualmente lo hace para dar la antigua y clásica "prueba de amor". Detrás de esto hay un temor de perder a la persona que me gusta, incluso, y más fuerte todavía, miedo a que "se puede enojar si yo le digo que no, y no se daría cuenta de que de verdad me interesa, y como yo quiero demostrarle que me interesa, entonces accedo". Ese temor al enojo me impresiona mucho, porque tiene que ver con un miedo a la violencia desde muy chicos, sobre todo en los niveles socioeconómicos más bajos. Y que, por supuesto, viene dado por la escuela de la madre, y si no la vivió la madre, la vivió la tía o la vecina. Entonces, lo que hacen las mujeres de esta clase socioeconómica es evitar que los hombres se enojen. Y la manera de evitarlo es accediendo a lo que ellos de alguna manera les solicitan.

Los hombres, en general, se inician por curiosidad, por tratar de pasar a otra etapa y poder contar que ya son hombres. En el caso de la gran mayoría de mujeres que he ido encuestando, si se les pregunta si en el fondo están contentas con lo que hicieron, te diría que si pudieran elegir ahora, más grandes, dirían que no, que no lo harían. Pero la presión que sienten en ese minuto es enorme y, por lo tanto, no disfrutan el acto, que es la consecuencia más grave del proceso, porque implica empezar a experimentar una sexualidad no asociada al afecto ni al placer, sino a una obligación

de cumplirle al hombre que uno quiere. Es como esas mujeres adultas que dicen: "Bueno, tengo que hacerlo porque,
si no, anda con un genio insoportable". Esa mujer probablemente se inició sexualmente también por complacer y
no por una decisión personal, asociada a un compromiso, a
una afectividad permanente, a algo más sólido que le hiciera sentir que después de tener relaciones con la persona
van a poder consolidar un proyecto en conjunto.

En el caso de los hombres, el tema sexual tiene que ver
con reforzar la masculinidad, sobre todo en este periodo.
Ahí también yo creo que hay un ámbito familiar que está
débil, no necesariamente por no sentarse a hablar con los
hijos de sexo a esta edad, sino por vivir la vida fomentan-
do y hablando de temas que estén relacionados con eso. Y
en este aspecto siento que la televisión entrega mucha información que permite puntos de discusión. Por ejemplo,
en una serie hay un personaje infiel. Al respecto, le puedes
preguntar a un hijo de trece años: "¿A ti qué te parece que
él haga eso?". Entonces, él te puede responder: "Si tiene
que elegir a quién quiere, déjalo". "Sí, pero tiene un compromiso con otra persona", le recuerdas tú. "Bueno, pero
no importa, después lo arreglará", dice tu hijo.

Entonces vuelvo al tema de hacer buenas preguntas y
no decir, por ejemplo, "mira qué espanto lo que acaba de
aparecer ahí", porque de esa forma no voy a tener idea de lo
que piensa mi hijo. Por eso, si estamos viendo TV con mi
hijo y apareció el tema de la violación en las noticias, yo le
puedo preguntar: "¿Hay alguien que tú conozcas que haya
sido presionado para tener relaciones sexuales?". Y de esa
forma conseguir que la conversación fluya.

Yo sé que muchos papás cuando lean esto van a decir: "Ah, pero mi hijo no me va a contestar nada, me va a decir que no quiere hablar de ese tema". Claro, pero eso pasa en las familias donde no hay comunicación, y cuando uno trata de poner esos temas, por supuesto que los adolescentes lo evitarán. Pero en las familias en las cuales siempre se ha hablado de esos temas, incluso mucho antes de los nueve años, eso no pasa.

Si yo como mamá siempre estoy comentando situaciones que veo, como que tal modelo en la televisión se ve poco pudorosa o muestra una imagen de mujer que no me gusta, y si aquello lo ha escuchado mi hijo de cinco años, entonces me puede dar también una opinión: "Bueno, pero se ve bonita, parece que anduviera con bikini". "Sí, pero no está en bikini, no está en la playa", le aclaro yo. Y puedo hablar con mi hijo al respecto, pero eso tiene que suceder desde pequeños, para que el adolescente de verdad tenga la capacidad de conversar.

O si vienen amigos míos a comer y se habla de ciertos temas, el niño tiene que estar en la mesa comiendo y participando de las conversaciones, sobre todo a esta edad, entre los once y los trece; tienen que saber opinar sobre temas de pareja, de noticias, de política, etcétera. Por ejemplo, me impresioné con mis hijos, que asisten a un colegio particular, cuando les pregunté por el nombre de un ministro en la celebración de las fiestas patrias del año pasado. No tenían idea, no sabían cómo se llamaba y no les interesaba. Allí ahí hay un tema de educación escolar, pero también tiene que ver con nosotros como padres, de cuánto nos hemos involucrado en enseñar estas cosas a los niños.

Nuestros hijos no saben y, lo peor de todo, parece no interesarles o no tienen ganas de saber quién es el ministro de Salud en este momento, por ejemplo. Pero también creo que hay un gran número de adultos que no tienen idea del nombre de aquel personaje.

Ésta es la edad clave en la que nuestros hijos son como una esponja, en la cual todavía puedes producir modificaciones para que empiecen a conocer el mundo, para que exploren la diversidad, para que tengan información, para que aprendan a conversar y a discrepar, para que formen una adolescencia basada en procesos de búsqueda interior, que no se fundamente en la ignorancia y el desconocimiento de cómo funciona el planeta en el que vivo. Yo creo que es una edad crucial para generar ese tipo de reflexiones, porque más tarde les interesa menos.

De 13 a 15 años

Terremoto

Ya llegamos a los quince años, la edad que arquetípicamente o en el inconsciente colectivo —igual que los dieciocho— es una edad importante. Parece que algo cambia en la estructura mental de nuestros hijos y nosotros los hacemos sentir, como sociedad o como grupo de personas que los protege o los contiene, que ya son un poco más grandes. Entonces aquí tiene un papel muy importante el concepto de autonomía.

Si señalaba que entre los nueve y los once años, incluso también entre los once y los trece, la palabra clave era *cambio*, diría que entre los trece y los quince, aun hasta los diecisiete, la palabra crucial es *terremoto*. Y tiene que ver, por una parte, con la movilización interna, sumamente fuerte, de muchas cosas que ellos deben hacer, porque la sociedad se los exige; y, por otra, de movimientos internos, de búsqueda de conceptos y de identidad, que toca o influye distintas áreas en su proceso de crecimiento.

Yo diría que el más fuerte de todos estos cambios, del cual los padres parecen estar más preocupados por el riesgo que implica, es el sexo. Y aquí los padres deben tener la capacidad de explicarles a sus hijos la diferencia entre sexo y sexualidad. Decirles que el sexo tiene que ver con la práctica sexual, y la sexualidad con la connotación de esta práctica asociada a los valores, al compromiso, a la espera, a la contención y a la formación que ese adolescente ya ha recibido.

Por lo tanto, entran ahí un montón de conceptos importantes asociados al tema de la sexualidad. Y me voy a referir a ella, porque evidentemente no es una edad para tener sexo aún, pero sí para poder entender ciertos temas asociados a la sexualidad, que creo que hay que tenerlos claros.

El primero es el tema del pudor o el recato. Me parece que es un concepto que parece estar en extinción, sobre todo en el caso de las mujeres, pero también hay que educarlo en los hombres. Hoy, ellas funcionan —como siempre digo— con "cara de Virgen María" y con cuerpo de María Magdalena. Y en esa disociación, ellas no logran formularse interiormente en el tipo de mujeres que quieren ser y, por lo mismo, cómo se tienen que comportar.

Por un lado, hay una corriente social y cultural que les dice que da lo mismo a qué edad empiecen a practicar su sexualidad y cómo lo hagan; por consiguiente, ellos vivirán ciertas etapas sin responsabilidad, primero besándose con cualquiera, incluso sin saber el nombre de esa persona. De hecho, hoy existe un juego con pulseritas que las niñas hacen con hilo de bordar; esas pulseritas se las entregan al varón al cual besaron que, por supuesto, no tienen idea de quién es. El juego consiste en que todas las pulseras que una mujer lleva debe entregarlas esa noche, así el hombre se va con todas las pulseras puestas y la mujer se queda sin ninguna. Ese juego, evidentemente, arrasa con el concepto del pudor y con valorar el beso como algo importante. Me llama la atención la poca importancia que se le da al beso, transformado simplemente en una práctica de juego, de búsqueda de sensaciones o de adrenalina.

Lo anterior implica un segundo concepto, que es el tema del autocuidado, que está en riesgo en esta edad y a lo largo de toda la adolescencia.

Claramente, los varones tienen pocas variables para cuidarse, pues para ellos hacerlo es un signo de estupidez. El miedo, por ejemplo, que era un elemento protector en mi generación, es algo que hoy hay que atravesar; entonces, yo tengo que cometer actos arriesgados para probar que soy valiente. Y eso es válido tanto para la conducta sexual como para la del consumo de alcohol o las drogas, para la conducta delictiva o los ritos de iniciación de las tribus urbanas, etcétera. El tema es vencer el miedo y no tomar lo positivo de éste, como un elemento protector que me cuida de peligros o de factores que yo no sé manejar.

Subir a internet una foto de una pareja que está teniendo contacto, en la que se tocan zonas genitales, que es lo previo al acto sexual, ellos lo sienten como un acto de autocuidado frente a una posible pérdida de virginidad. Lo digo con algo de risa porque hay poca concepción de cuánto están involucrando el alma en todo ese proceso. El tema es vencer ese temor y, por lo tanto, acceder a todos los riesgos que involucra subir esa fotografía y que todo el mundo se entere. Entonces, el autocuidado asociado a lo sexual es clave.

Otra cosa llamativa en esta generación es la impaciencia, el ansia de rapidez con la cual quieren experimentar sensaciones, porque eso pareciera hacerlos sentir vivos, más que grandes. Tiene que ver con la conexión, con la adrenalina, con el que desaparezcan las angustias y las responsabilidades. Y vivir al máximo se relaciona con la imprudencia, la pérdida de control, con no saber lo que estoy experimentando. Un gran porcentaje de adolescentes tiene hoy su primera relación sexual bajo la influencia del alcohol, razón por la cual no tienen conciencia de lo que están haciendo.

Y esta impaciencia ocurre con todo en la vida, no sólo con el tema sexual. Es como querer vivir las cosas al filo de ciertos riesgos o peligros. Por lo tanto, esta impaciencia, esta dificultad de autocuidado y escaso pudor, lleva a que los adolescentes experimenten la sexualidad, en la gran mayoría de los casos, sin vincularla al afecto, sólo relacionada con la práctica, y eso los disocia. Empiezan a sentir interiormente grandes cuotas de angustia, sobre todo las mujeres, porque ellas, por naturaleza, están más intrínsecamente hechas para asociar lo emocional. En consecuencia, cuando se les obliga a disociarlo porque han bebido o porque así hay que hacerlo, les genera una sensación de angustia que hace que se frustren sus expectativas.

Hoy todo lo que de alguna manera los adolescentes saben del sexo o de la sexualidad —el exceso de información— termina por no servirles de nada. Por ejemplo, todos los conocimientos que ellos manejan en relación con cómo cuidarse en términos de mecanismos de anticoncepción, no los usan porque asumen que nunca van a vivir una situación tan extrema, y si la vivieran, tampoco van a correr ningún riesgo porque no les va a pasar nada.

Esto de que, tanto a ellas como a ellos, "no les va a pasar nada" es una característica central de la adolescencia; se llama principio de invulnerabilidad. Es un principio que tiene características neurológicas, cerebrales, ya que hay ciertas partes del cerebro que se bloquean en la evaluación de los riesgos, pero que después tiende a desaparecer a medida que el adolescente crece. Sin embargo, con la asociación que hoy día existe con el alcohol, este principio de invulnerabilidad crece y dura más tiempo de lo que debería. Por esta razón, de verdad no se evalúan riesgos, las cosas les pueden pasar a otros, pero no a ellos. Entonces hay un exceso de información, pero muy poca formación en relación con el tema.

También hay una cantidad de mitos y de fantasías asociadas al tema sexual que es necesario comentar. Por ejemplo, si yo tengo relaciones sexuales, voy a tener una mejor relación de pareja. Eso es absolutamente falso. Generalmente, cuando una pareja se inicia sexualmente a temprana edad, lo que pasa es que el tiempo que gastaban antes en tomar un helado o en ir al cine, hoy sólo lo ocupan en tener sexo. Y la que primera acusa daño de esa convivencia es la mujer, que empieza a sentir que el tipo sólo la quiere ver para acostarse con ella. Eso genera distanciamiento por parte de ella, la sensación de reclamo por parte de él y termina por deteriorar la relación.

Fundamentalmente porque en la adolescencia son tantas las variables que hay que manejar en la cabeza y en la vida cotidiana, son tantos los miedos a los cuales ellos tienen que enfrentarse (subirse a un autobús solos por primera vez, andar de noche, experimentar situaciones sociales en las que ven a otros consumir drogas, etcétera), que incorporar además el tema sexual —que es un elemento que tiene una energía propia y muy potente— los agota mucho, porque los hace participar en un juego para el cual no están preparados.

Y ahí también se ha ido produciendo una alteración del concepto de virginidad, producto del aumento de la práctica del sexo oral. Eso tiene que ver con conductas facilistas de la mujer. Siempre digo que la mujer latinoamericana "es más fácil que la tabla del 1", y esto hace que ellas vivan experiencias de sexualidad sin involucrar la vagina y así seguir siendo "vírgenes", pero en ellas no está presente el concepto de pureza asociado a la virginidad ni a la entrega. La virginidad no se pierde. Yo pierdo un llavero, un cuaderno, puedo perder ropa, pero no voy a perder algo mío; ¡yo lo regalo! Y si lo regalo, lo lógico sería que yo tuviera plena conciencia sobre a quién se lo estoy regalando y que esa persona tuviera plena conciencia sobre quién soy yo para poder hacerle un regalo adecuado, de la forma en que yo espero entregarlo.

Por todo ello, siento que los adultos hemos fallado notoriamente en entregar un concepto de virginidad asociado sólo a la vagina y a que si no es penetrada, entonces esa adolescente sigue siendo virgen; a pesar de haber recibido todo tipo de caricias, de haber realizado todo el sexo oral posible, de haberse relacionado con muchos hombres en su vida, el concepto de virginidad sigue intacto. Creo que ahí hay un tema sobre el que se debe reflexionar socialmente, sobre todo los que creemos en el concepto de la espera, en la madurez y en el compromiso para poder entregar esta parte mía, porque evidentemente esa persona —me guste

o no— va a formar parte de mi memoria emocional —si es
que estoy sobria— por mucho tiempo o quizá por toda la
vida. Entonces creo que hemos ido perdiendo ese valor, a
pesar de que hay un grupo grande de jóvenes que lo siguen
considerando como algo importante, pero que no se atre-
ven a decirlo porque son castigados socialmente, al tratarse
de un tema antiguo, un tema que aparentemente no tiene
sentido. En eso los padres tenemos la responsabilidad de
hacerles soñar con ese concepto, tanto a hombres como a
mujeres. Hacerles valorar esto como una entrega real, como
una espera bonita, no como un tema que ya pasó de moda;
y no porque los tiempos hayan cambiado, nosotros debemos entonces reformular también este concepto. Siempre
el inicio de la sexualidad tiene que estar asociado al compromiso, a la madurez, por lo menos física. Si a los quince
años ni siquiera está preparada la estructura ósea de las
caderas de esas niñas o la estructura del hombre para poder tener buen sexo, mucho menos va a estar preparada mi
afectividad, mi permanencia y mi emocionalidad, si en la
mañana amanezco llorando, en la tarde me río a carcaja-
das y en la noche estoy angustiada. Con esa variabilidad
natural que yo tengo a los quince años, difícilmente voy a
poder experimentar una sexualidad estable. Por lo tanto, la
angustia posterior al evento, sobre todo en las mujeres, es
muy alta. Los hombres, como tienen mejor capacidad para
separar las cosas, pueden desbloquear el tema, y si lo hicieron, ya pasó y no hay nada más, lo cual es muy diferente en
el mundo femenino.

Desde mi visión, que puede ser sesgada, tengo la convicción de que la sexualidad tiene que estar asociada a la

espiritualidad —no a una religión—, esto es, ligada a la trascendencia con el otro, en el que yo, al entregar mi cuerpo,
estoy entregando un pedazo de mi alma y estoy haciendo
que el otro conozca mi vulnerabilidad, mi piel entera, mis
pliegues corporales, mi espacio más íntimo, mi mundo más
sagrado. Creo que hemos ido perdiendo la noción de que
somos seres espirituales viviendo experiencias humanas y
no al revés. En la medida en que logremos incorporar de
nuevo en la sexualidad esa dimensión de espiritualidad, que
entendamos que no es un acto animal, que veamos en la sexualidad un sentido de importancia real, vamos a empezar
quizás a tener jóvenes que disfruten más de su sexualidad.

En mi generación, la de quienes tenemos cuarenta años,
todos los problemas sexuales que enfrentamos fueron por
desconocimiento, por no saber, porque nadie nos habló,
porque no teníamos dónde leer. Me atemoriza pensar que
todos los traumas sexuales que va a tener la generación actual en el futuro vayan a ser por exceso de información y de
práctica, pero por una práctica sin sentido. Me he encon-
trado en talleres con grupos de personas de treinta años,
hombres y mujeres, que son viejos de alma, porque ya han
experimentado todo lo que tenían que experimentar: pro-
baron todo tipo de parejas, mezclaron todo tipo de cosas, y
usaron alcohol y drogas con ese afán experimentador. Re-
pito: son viejos de alma, que dejaron de tener sueños y que
no saben cómo construir una adultez con una sexualidad
sana, porque están aniquilados con el exceso de experiencia
que tienen. Mala experiencia, además, no comentada. Esto
le hace sentir una soledad y angustia tremenda a una generación que está recién empezando potencialmente una vida

sexual buena. Debieron haberla vivido en la edad que correspondía, con la persona apropiada y de la forma adecuada, y no como lo hicieron, que es una manera bastante animalesca y carente de sentido.

Las parejas que construyen una sexualidad sana en la adolescencia son aquellas que tienen un nivel de madurez adquirido por cómo está constituida su familia, y generalmente eso sucede después de los dieciocho años. Además, ocurre un fenómeno que también es antiguo: cuando se rompe una relación a los dieciséis o a los diecisiete años, y con esa persona se tuvo la primera experiencia sexual, existe el temor, sobre todo en las mujeres, de qué va a pasar cuando yo le diga a mi nueva pareja que ya tengo experiencia sexual. Se podría decir que eso es antiguo, que no pasa, pero las adolescentes se lo preguntan y les duele sentir que iniciaron a una edad equivocada. Si se hace una curva estadística: en caso de que se comprometan a los veinticinco o a los veintiocho años con el hombre o la mujer de su vida, y si tienen relaciones estables de alrededor de dos años con cada pareja, eso quiere decir que se van a acostar con diez personas antes de encontrar a su pareja permanente. Si contrastan esa realidad, podrían decir: "No es menor el detalle, yo no sé si estoy tan dispuesta a acostarme con tantas personas en mi vida".

Ahora, hay un grupo al que no le importa y que simplemente va a incorporar esto como una experiencia de vida y va a seguir adelante. Pero hay un grupo grande al que sí le importa, pero que no es capaz de verbalizarlo porque se siente ridículo, con el mismo temor que tiene una adolescente virgen que hoy día no se atreve a decir que a los dieciséis años todavía no besa a nadie, por ejemplo. Esto le pasa a mi hija de quince años. Cada vez que ella cuenta que no ha besado a nadie y que nunca se ha emborrachado, como muchas de sus compañeras de curso, queda fuera del circuito y la ven como a una extraña.

Entonces, mantener un resguardo pudoroso para una mujer o para un hombre es complicado, y es más difícil para los hombres, ya que son más apresurados en ejercer una práctica al respecto, porque tiene que ver con la masculinidad, con que, por ejemplo, el papá se quede tranquilo creyendo que su hijo no es homosexual.

En el caso de las mujeres, a esta edad se empieza a producir un juego lésbico, que funciona más fuertemente entre los quince y dieciséis que es cuando comienzan a experimentar sensaciones, y como no quieren quedar embarazadas, pero sí desean vivir la sexualidad, entonces eligen a otras niñas para poder experimentar este juego. Esto ha sido inculcado por las madres, que hemos verbalizado por generaciones y generaciones: "Cuídate de los hombres", "Los hombres son unos desgraciados", "Los hombres son todos iguales", "Siempre van a ser infieles", "Te van a dejar embarazada". Por lo tanto, si una niña tiene en el inconsciente ese arquetipo o esos conceptos, va a intentar probar con una mujer.

Entonces, hay una responsabilidad social, de las madres y de las abuelas, muy importante en el sentido de analizar la manera en que hemos transmitido la visión de los hombres como unos desgraciados, infieles permanentes, malos y, además, son todos iguales. Y, por otro lado, hay una cierta permisividad en relación con la experimentación, que

evidentemente hace que ellas se equivoquen. Es importante recalcar que si una niña tiene una experiencia sexual
equivocada con otra en un momento determinado, eso no
significa que ella sea lesbiana. Las mujeres pueden incorporar dentro de su vida emocional experiencias alteradas o
erróneas con otras mujeres y después reconectarse con su
heterosexualidad y funcionar en forma normal a lo largo
de la vida.

En el caso de los varones es distinto, porque si un
hombre experimenta un acto sexual con otro hombre, la
pulsión biológica que tiene este acto sexual le va a hacer
repetir o necesitar generalmente esa conducta, lo cual hace
más probable que ese hombre descubra, y no opte, una
condición homosexual. Insisto en el descubrir y no en el
optar, porque la homosexualidad no es una elección ni es
una opción, es una condición que el adolescente descubre
durante su vida y que termina por descubrir después de los
veinte años. Eso en relación con el tema de la sexualidad y
de los juegos sexuales que estos adolescentes tienen.

Un siguiente punto importante a esta edad, y que también es un tema de preocupación para los padres en forma
masiva, es el asunto de los límites. Hasta qué hora les doy
permiso a mis hijos para salir, por ejemplo.

Evidentemente a los catorce o a los quince años empiezan las salidas nocturnas, pero éstas tienen que ser siempre con un horario controlado —que no debiera ser nunca
más allá de la una de la madrugada, como máximo a la una
y media— y que yo los vaya a dejar y a recoger, ojalá no
deje que regresen solos en taxi. Puede haber un amigo que
los lleve y los traiga en ciertas ocasiones, pero es preferible

que la mayoría de las veces seamos los padres los que ha-
gamos esto, simplemente por un tema de observar el lugar,
la discoteca, la casa o a los amigos. Por más que un amigo mío vaya y se haga responsable, no me va a contar toda
esa información. Ver a mi hijo, percibir su olor, mirar sus
ojos, observar cómo salió y con qué estado de ánimo, son
antecedentes importantes para saber en qué están él y el
grupo con el que frecuentemente sale o tiene contacto. Por
lo expuesto, creo que ese tema es clave en la postura de los
límites.

Para que uno pueda ser libre en la vida, necesariamente tiene que aprender a ser responsable. Digamos que yo
como padre o como tutor de un adolescente no puedo otor-
gar libertad si no he logrado descubrir si mi hijo es responsable con las cosas internas de la casa. Me refiero a cuántas
veces pierde las llaves en el año, cuántos celulares ha extra-
viado —si es que ha tenido—, cómo tiene ordenada su habitación, si cumple o no con sus deberes escolares, si tiene
buenas notas y si es un adolescente responsable, para que
de verdad yo pueda suponer que va a responder con el placer en forma correcta. Eso requiere que yo conozca a mis
hijos. Tengo que ser capaz de observarlos desde una pano-
rámica bastante más amplia que el solo hecho de saber si
quiere o no ir a una fiesta.

Ese conocimiento amplio de la historia de vida de mi
hijo, no ocurre a esta edad, sino mucho antes, y eso es lo
que me permitirá tomar decisiones. Aquí es donde entra el
conflicto con esta concepción de que los padres tendrían
que ser amigos de sus hijos. Yo no puedo ser amiga de mi
hijo nunca; pero sí puedo establecer vínculos de confianza.

Me estoy refiriendo a la amistad mal entendida en la que, como sucede muchas veces, mi hijo me puede decir groserías y faltar al respeto, o en la que a mí como padre se me complica darle órdenes porque siento que no me hace caso, donde los límites que yo le pongo son traspasados sin sanción porque no quiero verlo molesto conmigo. Empieza a existir entonces un temor de los padres a que los hijos se enojen con ellos, por lo que tienden a dar muchos permisos para que los hijos los consideren buenos padres. Eso viene asociado además a la idea de compensar las faltas de afecto o de preocupación real por estos adolescentes comprándoles cosas —se tengan pocos o muchos recursos.

Acabo de terminar un estudio donde les preguntaba a los niños: "¿Qué cosas recordarían de sus padres si se mueren hoy?". Los niños tenían edades entre once y quince años. Noventa y cinco por ciento respondió que recordaría que sus papás trabajaban arduamente y que los veían muy poco, pero les compraban todo lo que ellos querían. Cuando leí la conclusión sentí una gran angustia y pensé: "¿Qué recuerdo yo de mi madre?". Mi mamá me hacía un pastel de cumpleaños, pero se demoraba tres días en ello; hacía el bizcocho un día, al otro día había que cortar el bizcocho para que se humedeciera con ron, azúcar y agua, después había que ver si se rellenaba con dulce de maicena o con merengue. Todo eso implicaba cariño, mi mamá jamás compró un pastel hecho.

Hay situaciones en que los padres estamos obligados a repensar lo que estamos haciendo. Si nos preguntamos cómo queremos que nuestros hijos nos recuerden cuando no estemos, dudo de que queramos ser recordados solamente por

haber comprado cosas. Espero y pienso que la gran mayoría de los padres lo que quiere es que sus hijos recuerden
otras cosas, las que no tuvieron valor económico. El rascado
en la espalda o el besito —aunque los niños lo rechazaran
porque eran adolescentes y porque tenían que mostrarse
grandes—, haber cocinado algo rico, una mesa bien puesta, etcétera. Espero que ésos sean los recuerdos que los padres quieran obtener.

Esto es una invitación a la reflexión con el tema asociado a los límites, a cómo los papás estamos normando y
educando a nuestros hijos. Un niño, para que se cuide solo,
necesita ser cuidado primero, y requiere ser cuidado por
sus padres, no por la sociedad, ni por el colegio, ni por la
policía. Como papá tengo la responsabilidad del cuidado
que le otorgo a mi hijo, y de ponerle todas las restriccio-
nes posibles para que él se pueda educar y crecer siendo la
mejor persona. Mientras más maduro salga mi hijo a vivir
el mundo adulto, con las exigencias que tiene en la sexualidad o en la responsabilidad, será mejor para él. Por lo tanto,
el tema de la responsabilidad es clave para dar libertad.

Este concepto de libertad, claramente está muy mal
entendido por las generaciones jóvenes. Nosotros como
papás hemos transmitido que la libertad o ser libres es hacer todo lo que uno quiere. La persona que de verdad es
libre es aquella que hace primero lo que debe y después
lo que quiere, porque ahí realmente se es libre para poder
disfrutar. Por eso, siempre digo que las tareas del colegio
se hacen los viernes en la tarde y no los domingos en la
noche, porque si no el fin de semana nadie estará libre para
hacer lo que desea, pues estarán preocupados de las cosas

pendientes que tienen. En consecuencia, no se podrá disfrutar de la libertad del sábado y del domingo debido a que no se hicieron las cosas cuando tenían que realizarse.

El otro concepto importante asociado a la libertad es que como padres no estamos enseñando la fuerza de voluntad en nuestros hijos, y en los colegios tampoco lo hacen. El tema de la perseverancia, de la satisfacción del deber cumplido, de acostarse en la noche cansado —porque es un privilegio—, significa que yo entregué hoy todo lo que tenía que dar, por lo que puedo decir que el día valió la pena.

Nosotros como adultos les estamos mostrando a los adolescentes un mundo donde la responsabilidad es algo que hay que arrancar, porque nos genera un gran agotamiento. Nos despertamos diciendo que estamos cansados, haciéndoles sentir a nuestros hijos que trabajamos para que ellos tengan lo que necesitan y no les mostramos que disfrutamos de lo que hacemos. A causa de esto, es cada vez más frecuente que los hijos no estudien las carreras de sus padres, porque no los ven felices con lo que hacen. Por eso es que nuestros hijos no quieren crecer, porque el ejemplo que nosotros les estamos mostrando de la vida como adultos es de poca felicidad, de poca alegría, de poca capacidad de goce con lo que hacemos y, por el contrario, les mostramos que gozamos cuando escapamos de esa responsabilidad, cuando hay un fin de semana largo o cuando decimos "gracias a Dios que es viernes". Todo eso lo perciben nuestros hijos y por eso tenemos una generación que ya no estudia para obtener la mejor nota. Una generación que tiene cero tolerancia a la frustración y unos padres a los que les cuesta desarrollar virtudes en sus hijos, sobre todo en esta

época que requiere educar con virtudes, aunque hay que
hacerlo desde que son más pequeños.

Las virtudes que un adolescente debiera desarrollar
son la tolerancia, la valoración por el otro y sus diferencias,
la paciencia, la templanza o la calma para poder tomar decisiones. Asimismo, son sumamente importantes el respeto
y la compasión, pero en el sentido budista de la palabra,
que tiene que ver con el amar al otro como un ser distinto
a mí. Además, es necesario hacer una integración entre la
excelencia académica (que es lo que todos los padres pa-
reciéramos buscar vertiginosamente) y la excelencia del
alma. Es decir, si ese adolescente no tiene una consistencia
de virtudes y de valores internos, un buen rendimiento en
el colegio no le va a servir de nada para la vida.

Hoy más que nunca los profesionales realmente valo-
rados no son los que saben más —porque todos podemos
saber lo mismo—, sino los que, además de ser buenos profesionales, son buenas personas. Y eso tiene que ver con la
educación que se dio en casa, lo cual se fomenta en la adolescencia. Este aprendizaje en la fuerza de voluntad ayuda
claramente a lograr los sueños.

Le comentaba a un grupo en un colegio: "Cada vez que
ustedes sacan una mala nota porque no estudiaron, porque les dio fastidio hacerlo, porque flojearon o porque prefi-
rieron ver televisión, lo único que están haciendo es alejar su
propio sueño. Si se sacan una buena nota, el sueño se acerca
y se hace realidad; si se sacan una mala nota, se alejan. Por lo
tanto, si ustedes acumulan eso en el trimestre o en el semes-
tre, ese año los acercó o los alejó de los sueños que tienen
para la vida, dependiendo de su voluntad, libre y soberana".

Siempre se dice "la nota buena me la saqué y la nota mala me la pusieron", porque somos expertos en afirmar que no somos responsables de las cosas malas que nos ocurren. Yo soy protagonista de cuánto he trabajado por lograr mis sueños. ¡Eso significa una mala nota! No es el castigo que me va a dar mi papá o que no voy a poder ir a una fiesta, es entender que todo acto tiene consecuencias, y por eso mismo tengo que ser capaz de asumir dichas consecuencias. Si yo no pago mi tarjeta de crédito el día que la tenía que pagar, me van a cobrar más intereses, aunque tenga las razones más importantes del mundo para haberme olvidado.

Los niños deben aprender desde pequeños que todo acto tiene consecuencias y, por lo tanto, si a mí se me olvidó llevar la cartulina amarilla a clases, mi mamá no me la tiene que traer al colegio. A mí me tienen que poner la nota que me merezco por haberme olvidado de esa cartulina, porque era mi responsabilidad.

Y eso genera la sensación de que todo acto tiene implicancias y tengo que ser capaz de pedir perdón, de revertir el error y de reaprender o de reparar lo que he hecho mal, concepto que esta generación, sobre todo a los quince años, no tiene, porque no repara nada. Todo lo desecha. No zurcen los calcetines, como yo lo hacía con la ayuda de una aguja; no reparan las aspiradoras, porque al final sale más barato comprarse una nueva que mandarla a arreglar. No tienen el concepto de reparación en su vida, porque ellos no arreglan nada. Por todo ello, internamente el concepto del perdón, que es la reparación por excelencia, no está incorporado. Entonces, el tema es desechar, es cortar la relación y empezar con otra, porque para qué voy a pedir perdón.

En consecuencia, corremos el riesgo —ante esta falta de persistencia con los sueños y la voluntad— de que esta generación no tenga relaciones muy a largo plazo, porque para tener relaciones largas hay que perdonar. Por eso es tan importante el desarrollo de estas virtudes y que los padres trabajen en evaluar la sensación de fracaso. Enseñarles a los hijos que el fracaso no existe, que sólo existe el aprendizaje, y quizá ser un poco hindú y cambiar la palabra *fracaso* por *aprendizaje*, y el término *problema* por *lección*.

Si logramos hacer ese juego de palabras, cambiará absolutamente el significado de lo que estoy viviendo, y me hará vivir el dolor como una oportunidad de crecimiento y me posibilitará tolerar mejor la frustración. Me permitirá desarrollar empatía, ponerme en el lugar del otro y no herirlo, así que —y a modo de ejemplo— jamás voy a postear en Facebook nada que al otro le haga daño, de esta forma el *bullying* tenderá a desaparecer.

Por eso siempre he dicho, de manera muy brutal, que el *bullying* no es otra cosa más que un grupo de niños maleducados. Posiblemente en sus casas no les han informado que no le pueden hacer al otro lo que ellos no quieren recibir. Si un adolescente aprende eso, jamás va a ser un agresor, de ningún tipo.

Cuando ese aprendizaje no se produce, entonces empiezan estos mecanismos que hoy son tan sofisticados, y los psicólogos nos llenamos la boca hablando del *bullying* y de todo ese tipo de cosas, cuando en el fondo si los padres hacen lo que les corresponde y educan a los hijos con los valores correctos, esos niños jamás van a ser agresores y, en consecuencia, van a ayudar a alguien que es agredido y no al revés.

Entonces, el desarrollo de las virtudes es central en este periodo de los quince años, sobre todo en el aprendizaje del dolor como una oportunidad de crecimiento en la vida emocional, en el establecimiento de redes sociales y en tener amigos de verdad, donde estos valores sean practicados y donde yo como madre o como padre los vea, los vigile y sea capaz de criticar a mi hijo si escucho que dice, por ejemplo: "Noooo, este gordo asqueroso". Entonces lo debo detener enseguida y decirle: "¿A ti te dolería que te dijeran así? Llámalo por su nombre, no hay que descalificarlo". Pero este tipo de actitudes hay que detenerlas en el momento, porque si se deja pasar algo así, estoy validando esa ofensa a través de mi silencio. Por lo tanto, dejé pasar una oportunidad para la educación en la virtud, que es lo que tendríamos que hacer fuertemente en esta etapa.

Otro punto importante de esta edad es el tema de la tecnología y en qué medida utilizarla. Está claro que la tecnología llegó para quedarse. Internet cada vez proporciona más oportunidades, especialmente ahora con lo *touch,* donde todo se toca y ya casi no hay teclado. Es decir, va a seguir creciendo e invadiendo nuestras vidas privadas en forma casi agresiva. Frente a esta realidad, yo como adulto, como padre o como tutor de ese adolescente, debo tener la capacidad de ver hasta dónde me engancha este circuito, porque si yo soy un padre que está todo el día con la computadora, me acuesto con la laptop y me levanto con el celular, si estoy sentado a la mesa y me llega un mail, y lo contesto mientras estoy comiendo, entonces no tengo ninguna autoridad moral para impedirle a mi hijo que haga lo mismo con los mensajes de texto, con internet, con el WhatsApp, con Facebook o con lo que venga adelante. Por lo tanto, lo primero que tengo que hacer aquí es preguntarme cuánto he permitido yo que la tecnología entre en mi vida y qué ejemplo estoy dando como adulto a mis hijos de su manejo. Si me respondo que efectivamente controlo el tema de la tecnología, que hay minutos en que apago el celular porque es más importante conversar con mis hijos, si me acuesto y no tengo una laptop en la cama, entonces puedo exigirles lo mismo a mis hijos. Pero si me acuesto con la laptop, haciéndole sentir a mi mujer que la computadora es más importante que ella, entonces estoy mostrando un modelo de pareja, un modelo de vida que a la larga ellos van a copiar y a configurar. El tema de los límites es primero un tema de honestidad.

Teniendo eso claro, hay que saber cuáles son las consecuencias del exceso de tecnología en la casa, ya que puede hacer que disminuyan las habilidades sociales y que se converse mucho menos. El problema de estos nuevos medios es que hacen que la solución de conflictos no se produzca por un diálogo cara a cara, sino a través del teclado y de otras fórmulas indirectas que hacen que la personalización con el otro no exista. Hay un abuso de las posibilidades que me da la tecnología, permitiéndome escapar de la comunicación mediante hábitos como, por ejemplo, tener encendido constantemente el televisor, la computadora o el celular, por lo que se tienden a desmembrar las redes comunicacionales de la casa, porque cada uno se comunica en forma individual con otras personas que no están allí presentes.

De hecho, es muy llamativo ver cuando se junta un grupo de jóvenes: ¡lo que hacen es hablar con quienes no están! Es decir, la gran mayoría está hablando por celular con quienes no han llegado aún, en vez de hablar con quienes están y apagar los celulares. Entonces, eso tiene que ver con la dificultad de establecer comunicación con el otro y eso está fomentado por la tecnología.

Hasta los dieciocho años —y de ahí en adelante, porque en la adultez pasa lo mismo— nadie debiera estar expuesto a una pantalla (a excepción de la gente que trabaja con una computadora, evidentemente) más allá de tres horas y media. A los quince años, el promedio está entre una hora y media y dos horas diarias, lo cual es muy poco en relación con la realidad, con lo que de verdad ocurre. Transcurrido ese tiempo, sucede lo mismo que pasaba con los niños de nueve y once años: se vuelven más irritables, desobedecen más, pierden comunicación con el resto de la familia y se ponen más ansiosos, por ello comen más, sobre todo alimentos de alto contenido calórico. Tampoco tienen capacidad de resolver conflictos de frente, son malos para hablar temas largos o desarrollar conceptos y analizar, por ejemplo, una determinada noticia, porque los cansa y están acostumbrados a que el teclado sea más rápido. Y para qué hablar de la ortografía y del lenguaje, que son paupérrimos. Todos los esfuerzos que hicieron los profesores de gramática para que escribieran bien no sirvieron, porque hoy día hasta los médicos escriben más claro que los adolescentes. Y esto tiene que ver con que hoy existen concursos donde gana el que escribe más rápido un mensaje de texto. En consecuencia, no se escriben las palabras en lenguaje común y corriente, sino que en "lenguaje chat", lo que implica escribir menos. Por lo mismo, cada día ocupamos menos el lápiz y eso a la larga va generando un cambio, que puede ser positivo si es bien llevado y no se pierde la esencia de la conversación cara a cara con el otro.

Yo prefiero que mis hijos gasten más dinero en teléfono y que sean capaces de escuchar la voz del otro, a que estén chateando, porque no tienen ningún matiz de nada y, por consiguiente, la interpretación o la lectura que yo tengo de un "te quiero mucho" en un MSN de un amigo es distinta a la que él de verdad quiso transmitirme. En cambio, al menos con un tono de voz lo voy a tener mucho más claro, es más real y concreto.

No es irrelevante que, en un corto tiempo, más de doscientos millones de latinoamericanos estemos suscritos a Facebook. Estos antecedentes nos señalan que somos países con escasísimas habilidades sociales y claramente la tecnología y estas redes sociales virtuales vinieron a solucionar un problema —cómo hablar y cómo decir lo que sentíamos—, pero que, a la larga, nos produjeron mayores y más serios conflictos.

Yo creo que la tecnología en sí misma no es ni mala ni buena, ya que depende de cómo se use. Hay parejas que han aprendido, por ejemplo, a mandarse mails, lo cual puede ser una muy buena estrategia de comunicación; de hecho, yo la recomiendo en un montón de terapias, siempre y cuando eso después quede depositado en una conversación, en la conducta cotidiana real con el otro, y no como una forma de comunicación donde yo nunca te dije nada de frente, pero a partir de los mails nos comunicamos fantástico.

Entonces, en el tema de la tecnología los padres tienen que poner límites; saber, por ejemplo, si su hijo tiene Facebook o conocer su blog o su página de fotografías, pero que él me explique y yo asumirme como ignorante. Que él me abra una página de Facebook para que yo pueda ingresar y a través de eso tener acceso al mundo de mi hijo. Este tema a los adultos nos da susto, y como nuestros hijos lo manejan mejor que nosotros, nos alejamos y con eso perdemos una cantidad de información y de control gigantesco, lo cual puede traer problemas muy serios.

Otra cosa que no me gustaría dejar de mencionar tiene que ver con el desarrollo de la espiritualidad. En general, en las familias que creen en algo, en esta época experimentan en sus hijos un alejamiento que es natural con respecto a la fe. Erickson llamaba a esta etapa "moratoria", que es como poner entre paréntesis los valores que mis padres me enseñaron para yo poder crear mi propia escala de valores, y eso indudablemente incluye el tema de la espiritualidad.

Sin embargo, creo que aquí también es importante valorar los ritos que la familia siga teniendo, aun cuando el adolescente no participe, porque como la adolescencia es un periodo limitado, él necesita ver que los adultos siguen con esos ritos y que les hacen bien. Hay que mantener el valor de la espiritualidad y el sentido que tienen la vida y la juventud. Yo creo que, como ninguna otra etapa de la vida, la gran maravilla que tiene la adolescencia es descubrir que yo puedo ser malo, que puedo tener un lado oscuro, que puedo mentir, que puedo flojear, que puedo decir algo y no cumplirlo, que puedo experimentar envidia, que puedo desear que al otro le vaya mal, que puedo experimentar el goce frente al sufrimiento del otro.

Y el desafío de la adolescencia, como gran proceso, es elegir con cuál adolescente me voy a quedar: si con el adolescente luminoso, con cara contenta, que cuenta lo que le pasa, que a veces tiene sus reservas, que tiene su mundo privado, pero que es capaz de comunicar, que entrega amor, que puede hacerle cariños a sus abuelos, que se preocupa por ellos, que los llama, que estudia, que es responsable, que sale con amigos, que coquetea y que es capaz de generar redes de ayuda en determinadas circunstancias. O con el otro, que es un adolescente con mal genio, callado, que no habla con nadie, que es flojo, que no responde a nada social, que tiene un grupo de amigos que son todos iguales. Entonces, con cuál me voy a quedar, con cuál de esos dos, porque ambos están dentro de mí.

Ahora, el que yo elija a uno u otro depende de la familia que tengo. Si en la familia a la que pertenezco nadie habla con nadie, está todo el mundo tecnológicamente conectado, pero solos, es evidente que el adolescente solitario va a aparecer mucho más fácil que el luminoso, que quizá va a aflorar en una casa llena siempre de gente, donde los niños van a invitar a amigos a almorzar, donde no va a haber qué comer, pero se va a cocinar algo rápido, menos estructurado, pero con más cariño de fondo. Donde se recibe con mejores ganas la adolescencia como periodo, y los padres disfrutan de sus hijos adolescentes y no los sienten como un problema. Ése es el gran desafío: cada adolescente tiene la posibilidad de elegir qué tipo de persona quiere ser. Por ello, va a configurar de una manera clara qué tipo de adulto será el día de mañana con los sueños que él irá incorporando.

Y en eso el tema de la espiritualidad y de la trascendencia en la vida es clave. Hoy está casi probado, en todas las investigaciones, que la inteligencia emocional, que era el concepto más vanguardista, no es garantía absoluta de felicidad. El concepto clave hoy es la gente que tiene inteligencia espiritual y no es que esté adscrita a una religión marcada, pero sí posee la capacidad de entender que todo lo que hace tiene una trascendencia, ya sea en el otro, en ella misma o en la vida. Y de esta forma esa concepción me permite ser cuidadoso, respetuoso, empático, solidario, etcétera.

Por otro lado, entre los trece y los quince años, el factor del alcohol parece ser uno de los temas fundamentales. Me sorprende mucho tener que tocar este tema dentro de este rango de edad y no a los dieciocho, como diría la ley internacional, que es cuando uno ya debe hablar sobre el alcohol. Todos sabemos que es ilegal tomar alcohol antes de los dieciocho años. El problema es que ningún adulto parece respetar esa legalidad, y quizá lo más peligroso de eso es la formación moral que les estamos mostrando a los adolescentes, porque en el fondo les estamos diciendo: "Mira, en realidad esto no se debe hacer, pero como todos lo hacen y parece 'normal', si lo haces, y si no te atrapan, está bien". Ése es el mensaje que hay detrás, por lo tanto, ese mismo adolescente podría conducir un vehículo antes de los dieciocho años porque, mientras no lo detengan, tampoco es un riesgo. Después también podría evadir impuestos o ser infiel; mientras no lo sorprendan, pareciera no ser un factor preponderante.

Con esto, sin duda alguna estamos educando una "moral heterónoma", descrita así por Piaget. Una moral que está basada sólo en las consecuencias de los actos y no una moral autónoma, que tiene que ver con la intencionalidad y la voluntad con la cual uno decide o no cometer un acto incorrecto.

No me quiero centrar en el aspecto de que el alcohol hace mal, porque evidentemente es así. Quizá muchos de estos adolescentes a los treinta años van a necesitar un trasplante de hígado si antes de los dieciocho han tenido por lo menos dos o tres hospitalizaciones por intoxicación alcohólica. Tampoco me quiero centrar en el tema cultural que hace que el dueño de una tienda venda alcohol a menores de dieciocho años, sin pensar que probablemente ese adolescente podría ser su hijo. Esto fue parte de la campaña que realicé en México y que dio muy buenos resultados en las licorerías o en los lugares en los que se aplicó, porque se les hizo tomar conciencia a sus dueños de que no les vendieran alcohol a menores de dieciocho años, pensando efectivamente que quien entraba por la puerta era su hijo. Aquí nos acusarían de liquidar un negocio, lo que conlleva que haya poca conciencia social de que todos podemos colaborar a que este problema aumente o disminuya.

Me quiero centrar en qué hace que un adolescente sienta que en una fiesta no puede faltar el alcohol para que sea entretenida. ¿Qué hace que los adolescentes hayan hecho esta asociación?, ¿qué los lleva a pensar que si el alcohol se acaba, la diversión también?, ¿qué hace que se compre apenas un paquete de papas fritas y veinte cervezas —como para que parezca que van a comer algo— cuando en realidad el tema es tomar lo más posible hasta el punto de que "se les apague la tele", o sea, que pierdan la conciencia de lo vivido? Paradójicamente, la mejor parranda descrita por ellos es en la que no me acuerdo nada de lo que hice.

Voy a tratar de clarificar un poco las razones que fundamentan esto, en cómo educamos a los adolescentes para que ellos lleguen a consumir alcohol con esta intensidad (hombres y mujeres, incluso mujeres en mayor proporción que hombres) en un grado que les hace perder la conciencia de la realidad, siendo la puerta de entrada a las drogas, a la desinhibición sexual, al desenfreno y al inicio de la violencia social.

Cuando a un niño de tres o cuatro años se le celebra el cumpleaños, éste se realiza generalmente fuera de la casa propia, quizá porque dudamos mucho de la educación que estos niños tienen, lo que hace que prefiramos rentar un salón de fiestas para que no nos destruyan la casa que tanto hemos cuidado. Cuando se les hace una fiesta de cumpleaños, independientemente del nivel socioeconómico, se intenta tener elementos de atracción, algo para que el niño no se aburra. Si hay más recursos, se puede contratar a alguien que se disfrace, a una tía que pinte caritas de conejos, camas elásticas, etcétera, con lo cual el niño no tiene nada que hacer, pues lo entretienen, le provocan la sonrisa y le producen la diversión desde el exterior.

Algo totalmente distinto a lo que mi generación vivió, donde en una fiesta de cumpleaños existían cosas para comer y para tomar, que en realidad eran muy sencillas, y el resto dependía de nuestra capacidad de distracción, de cómo nosotros inventábamos los juegos, de cómo diseñábamos el

entretenimiento para pasarla bien con los que estaban in-
vitados a nuestro cumpleaños.

Fuera del contexto de la fiesta de cumpleaños, los niños se entretienen con la televisión, con la computadora o
con el celular. Es decir, nuevamente la pauta es que se dis-
traen desde fuera, porque desde dentro parece que nada lo
hace. Y eso empieza a generar escasez de habilidades sociales, no saben cómo hacerlo y el aburrimiento se les hace
intolerable no sólo a ellos, sino también a sus padres.

Por lo tanto, no debiera extrañarnos que cuando llegan
a los quince años con valores erróneos, como lo acabo de
mencionar, los niños no sepan cómo divertirse. Y recurran a
un factor externo, que evidentemente ya no puede ser el dis-
fraz, la televisión o la computadora. Todos éstos son reem-
plazados por nuevos factores externos, como el alcohol, que
los "enciende", que los "prende", como dicen ellos. El alcohol les permite expresar lo que de otra manera no dirían.
Los hace reírse, demostrar afectos y compartir con amigos
características que sobrios no serían capaces de desarrollar.

Pareciera que los niños consumen alcohol producto de
una escasez de habilidades sociales, de no saber cómo hablar
ni entretenerse, si es que no tienen algo en el cuerpo que les
"condimente" su comportamiento social. Debido a eso, también se produce el alto consumo de pastillas, como el éxtasis,
anfetaminas o aceites, que de una u otra manera activan el
sistema emocional para poder tener la personalidad que sin
estos elementos anexos les sería imposible poseer.

Esto lleva a una configuración que les hace entrar en el
mundo del alcohol a muy corta edad. Quizá si lográramos
que nuestros hijos se comunicaran más, usaran menos la

tecnología o que desarrollaran la sobremesa que mencionaba en los capítulos anteriores, llegarían con la habilidad de conversar y, en consecuencia, no requerirían de factores externos para desarrollar habilidades sociales. No necesitarían el alcohol.

Esto forma un tipo de fiesta muy distorsionada, en la que se baila solo, donde el baile en pareja está exclusivamente condimentado por el primer beso o el inicio sexual, y donde la música y el ruido dificultan notoriamente la capacidad para conversar. Donde el consumo de alcohol es clave y el tema de la comida o el compartir desaparece y, por lo tanto, se abre el espacio también para que gente inescrupulosa pueda darles drogas a los adolescentes, sin que ellos se den cuenta. Por eso siempre señalo, en forma muy insistente, que no permitan que les abran una bebida a sus espaldas, que no se separen nunca de su vaso, que vayan hasta el baño con él, porque no sería nada raro que alguien, en forma gratuita y aparentemente generosa, les coloque droga con el fin de que se genere la dependencia y después, evidentemente, empezar a hacer negocio.

El tema de las fiestas es algo que debiera estar vigilado por los padres y ojalá se hiciera, sobre todo a esta edad, en la casa —y no fuera de ella— o en colegios vigilados por adultos. Las reuniones sociales de los adolescentes deben estar supervisadas por adultos, para que estos últimos vayan tomando conciencia y conocimiento de lo que allí está ocurriendo y, al mismo tiempo, sirvan de freno para los conflictos que se presenten.

Según mis estudios, todos los problemas de alcohol, de drogas, de desinhibición sexual o de violencia, dentro de las actividades sociales adolescentes, se inician después de las dos y media de la mañana. Por lo tanto, quiero decir con esto que a esta hora parece razonable poner el límite en los horarios de permiso de estos jóvenes. Consentir un horario más tarde puede generar un montón de riesgos que ningún padre bueno, sano y centrado moralmente quisiera que sus hijos vivieran.

Este tema, que si bien comienza con mayor efervescencia a partir de los catorce y quince años, se termina de consolidar entre los dieciséis y diecisiete. Se relaciona también con la falta de comunicación familiar posterior a estos eventos. Generalmente, los niños duermen mucho al otro día, tienen muy poca comunicación con sus padres y no se sientan a la mesa. Aquí también hay que poner un freno.

Los niños tienen que elegir un solo día del fin de semana para poder salir, no ambos. Y cuando hay vacaciones, no se debe salir todos los días, sino que un día a la semana, y uno o dos del fin de semana; de esa forma, ellos no relacionan las vacaciones con el desenfreno, el descontrol o con hacer lo que quieran. Descansar también tiene que obedecer un orden que apunte a una mejor convivencia familiar. Los límites en las vacaciones deben estar puestos desde el primer día y no a medida que vayan surgiendo los conflictos, porque ya en este punto va a ser muy difícil controlarlos.

Muchas veces, y lo dije también en el capítulo anterior, el alcohol sirve como desinhibidor sexual y tiende a generar los primeros comportamientos sexuales, que en general desembocan además en embarazos adolescentes no deseados y muchas veces ni siquiera conscientes. Yo no diría que un embarazo arruina la vida de una adolescente, pero, sin duda alguna, posterga muchos de los sueños que quieran construir para su vida adulta y, al mismo tiempo, también les hacen vivir una dimensión de la adultez a una edad en la que no estaban preparados para el sexo y menos para el tema de la paternidad.

Y aquí quiero resaltar la ausencia del protagonismo masculino, porque muchos adolescentes abandonan y dejan de lado a esa mujer que va sola a conseguirse la "pastilla del día siguiente"; el hombre prácticamente no existe en este proceso. En vez de preocuparnos por esa pastilla, nuestra atención debiera centrarse en descubrir qué pasó con esta adolescente que la llevó a embarazarse, que puede ser, como decía en el capítulo anterior, el temor al enojo del adolescente varón y a la pérdida afectiva que esto involucra.

Todos los frenos que los padres puedan poner en la iniciación sexual de sus hijos son necesarios, y son los mismos que nos ponían nuestros padres. Por ejemplo, no dejar que la pareja ingrese a la habitación de mi hijo; asimismo, no debo permitir tampoco que los amigos de mi hija entren en forma permanente y estable en las habitaciones. En las habitaciones se duerme y se recibe a gente cuando uno está enfermo, pero no se llevan a cabo actividades sociales; para eso existen las salas de estar, y algunas casas tienen el privilegio de tener otros espacios que permiten que los adolescentes se reúnan.

Cuando una hija adolescente queda embarazada, los padres en este proceso tienen todo el derecho a enojarse, a impactarse y a encolerizarse, pero también tienen la obligación posterior de apoyar, de contener y, sobre todo, de hacer responsables a estos jóvenes del proceso que viven. Ellos tienen que informarles a sus hermanos del embarazo, contarles a los abuelos, tíos, primos, etcétera, y no son los padres los encargados de hacerlo. Son ellos también los que deben hablar el tema en el colegio; después irán los padres a ver lo estrictamente académico, pero son ellos los que tienen que asumir las consecuencias de este acto en forma adulta. Si se quieren vivir cosas de adultos, también se tienen que afrontar las consecuencias que esta adultez pueda tener.

Por otra parte, a esta edad se empieza a consolidar la formación moral, el desarrollo de las virtudes, hablarles a los hijos en positivo y desarrollar los valores espirituales que les van a permitir a estos adolescentes vivir una postadolescencia —entre los dieciséis y los dieciocho años— bastante más sólida. También es importante el esquema de la familia que se tenga; si hay una mamá sola educando a sus hijos, tendrá que lidiar con factores femeninos y masculinos dentro de sí misma para poder contener emocionalmente, ser cálida, cariñosa y tierna, y al mismo tiempo tener la capacidad de ser firme en las reglas y poner límites. Esto, asimismo, es válido en un hombre que eduque solo a adolescentes en esta etapa.

La gran misión de los trece a los quince años es establecer vínculos de amistades y consolidar el tema del rendimiento. Es hacer el primer esfuerzo en la escuela, y decir: "Ahora sí, ahora me voy a poner a estudiar porque las notas sí importan y sí valen", y claramente eso al final nunca debe ser sólo una obligación, porque la flojera o el malestar son cosas que a la larga desvirtúan el privilegio de la obligación en estos años.

Así cerramos la etapa entre los trece y los quince años, una etapa sin duda involucrada con la definición de la personalidad, donde el adolescente debe elegir si quiere ser el adolescente positivo y luminoso o el adolescente con mal genio y poco colaborador. Pero hay que recordar que esta etapa, a la larga, se prolonga hasta los treinta años, porque los adolescentes no desean crecer, no quieren tener más de quince o dieciséis años, porque les da mucho miedo enfrentar un mundo adulto que nada tiene para ofrecer, en el que efectivamente la felicidad y el goce de los mayores deja mucho que desear.

Y es en esta etapa donde se cimientan las bases de una buena o mala adultez. Eso va a depender de las características de la familia, de cómo el colegio acoja todo este periodo de edad, y de la manera en la que todos vayamos apoyando o no a estos adolescentes. Es necesario crear redes solidarias que nos permitan ayudarnos entre todos como padres para detectar cuándo nuestros adolescentes tienen problemas. Es muy llamativo encontrar que en muchos países ningún padre acepta que tiene un hijo problema y, por lo tanto, nos cuesta mucho asumir que estamos pasando por un periodo problemático con nuestros hijos. Si fuéramos más solidarios entre los padres, si no nos enojáramos cuando algunos amigos nos dicen que vieron a nuestros hijos en comportamientos inadecuados, y empezáramos a trabajar en forma solidaria, muchos de los problemas que nuestros hijos tienen con el alcohol, con las drogas o con el comportamiento sexual, evidentemente no existirían. Así que aquí ya hay mucho que realizar entre los trece y los quince años.

De 15 a 18 años

Búsqueda de sueños

Esta etapa que denominé "búsqueda de sueños", que va de los quince a los dieciocho años, es un periodo que debiera estar quizá matizado por menos efervescencia, menos cambios temperamentales, algún grado de estabilidad en el carácter de nuestros hijos y también en el modo en el que enfrentan los desafíos cotidianos, como la responsabilidad y el deber.

En esta etapa se sabe que los jóvenes están en una carrera hacia el ingreso universitario, profesional o técnico —el que decidan o en el que sean admitidos— y, por lo tanto, saben y tienen plena conciencia de que la flojera de esos últimos años de la enseñanza tiene que acabar, porque las notas o el rendimiento académico importan para el ingreso universitario.

Los países latinoamericanos tienen cada uno su propio sistema para el ingreso a las universidades o a las carreras técnicas, pero claramente a esta edad, independientemente del país donde estén los adolescentes, tienen que buscar dentro de sí mismos esos fuegos internos, esas llamas que de alguna manera fomentan la búsqueda de una formación profesional o laboral. Éste es uno de los mayores desafíos que la adolescencia presenta. Recuerdo que cuando estudiaba Psicología nos enseñaban que ésa era una de las grandes metas de la adolescencia. Uno terminaba la adolescencia cuando ya tenía resuelto el tema vocacional, así que es una de las grandes tareas que, sin duda alguna, influyen en el futuro.

En relación con este tema es importante buscar mis grandes sueños, averiguar qué es lo que yo siento, quiero o puedo aportar a esta sociedad a lo largo de la vida. Dónde me veo sonreír durante ocho horas diarias y no estar con mala cara trabajando en cosas que no me gustan o que no me llenan el alma. Por eso, planteo la búsqueda de sueños y no de carreras.

Recuerdo con mucho cariño, hace algunos años, a una adolescente de ciudad de Iquique, quien estaba muy deprimida porque no había quedado en la Escuela de Investigaciones Policiales por un tema médico. Ella, muy triste, me decía: "Siento que no hay nada más en la vida que yo quiera hacer que estudiar en la Escuela de Investigaciones Policiales". Entonces le pregunté cuál era la razón por la que quería entrar ahí. Ella me respondió que en realidad era porque su sueño siempre había sido apoyar a los más débiles. Frente a esta respuesta le mencioné que hay muchas carreras, más de veinte, que le permitirían cumplir ese sueño y no necesariamente debía ser la carrera de oficial de la Policía de Investigaciones. Hoy ella es una abogada que defiende las causas de abusos sexuales a menores y es muy conocida en Iquique. Trabaja para la Policía de Investigaciones y ha podido cumplir su sueño en plenitud.

Muchas veces, la orientación vocacional se transforma en desorientación vocacional, porque tratamos sólo de encontrar aptitudes y habilidades que sumen o que compatibilicen con una carrera determinada. Generalmente, los grandes sueños que tenemos no tienen relación con las cosas que hacemos mejor. Por eso, el sueño que se tenga es el que va a dar la fuerza para poder desarrollar mejor las habilidades en las cuales soy medianamente torpe. Por lo tanto, la suma de habilidad más aptitud igual a carrera, no es la fórmula adecuada.

Hay que buscar otras variables que vayan mucho más adentro del ser humano, que tengan que ver con una visión incluso espiritual. Por ejemplo, con preguntarnos para qué fui llamado a esta tierra o para qué Dios —o en quien yo crea— me puso acá; dónde están mis grandes talentos y cómo voy a esforzarme por desarrollarlos mejor, duplicarlos, triplicarlos y, por qué no, quintuplicarlos cuando me vaya de esta tierra y tenga que responder por mi capacidad de haber amado, dejado huella y haber sido feliz, las tres grandes metas que todos los seres humanos tenemos, o los tres grandes desafíos que tenemos al llegar a esta tierra.

Por lo tanto, la orientación vocacional debe estar enfocada en la búsqueda de sueños y no de carreras. La carrera está al servicio de ese sueño y, por lo mismo, existen muchas profesiones que pueden responder a ese gran desafío.

Tenemos que dejar de presionar a nuestros adolescentes. Ya no existe —gracias a Dios— la angustia por las doce grandes carreras importantes, como fue en mi generación. Creo que hoy día hay un matiz distinto, hay muchas ofertas y diferentes ámbitos; la educación particular ha ayudado

mucho a la diversidad y al entendimiento de que las carreras pueden partir de una forma y terminar de otra. Todas
las reformulaciones en los programas curriculares, sin
duda alguna, han sido un aporte. Hoy, un alumno de Física
puede tomar una materia de Psicología si es que le parece
importante para su crecimiento personal. Así estamos lo-
grando cada día adultos más integrados y más completos,
desde el punto de vista afectivo y emocional.

Esto lleva al gran desafío que los adolescentes tienen
entre diecisiete y dieciocho años y están prestos a entrar al
mundo universitario, técnico o profesional. En esta etapa
deberíamos disminuir la presión por la excelencia académica. Los adolescentes necesitan calma para buscar dentro
de sí todas las luces y requieren estar tranquilos para esfor-
zarse en el desarrollo de la fuerza de la voluntad, que es la
única que los va a llevar donde ellos quieran para conseguir todos sus sueños.

Hay que bajar la presión de la prueba de ingreso a la
universidad, porque muchas veces alteramos el rendimiento académico del año escolar que se vive. Los adolescentes
pierden la concentración y la memoria; toda la presión está
puesta en este gran desafío, que es probarle al mundo que
ellos son capaces, que son inteligentes. Es como si de pronto se jugaran la vida completa en una prueba de unas horas, la que solamente mide habilidades, entrenamiento y
no necesariamente la historia curricular.

Ya fue dicho que las pruebas de ingreso a la universidad no son un indicador predictivo ni de éxito universitario
ni profesional, y mucho menos son un factor concluyente
con respecto al éxito laboral y a la felicidad familiar durante

la vida adulta. Simplemente son datos que a largo plazo nadie toma en cuenta y que nosotros los adultos los hemos transformado en una presión absurda.

Si a un hijo le fuera mal en su examen de ingreso y no lograra conseguir su sueño, tendrá que prepararse de nuevo, trabajar durante ese año, entrenarse en algún propedéutico, si es que lo puede pagar, y si no, hay muchas vías en internet que lo preparan casi en forma gratuita. Sin embargo, como decía, también puede trabajar y tener algunos ingresos que le permitan valorar la vida en forma adulta, adquirir la madurez necesaria y empezar a encauzar su vida de una manera más certera. También puede hacer un año de servicio, como muchos colegios lo tienen; lo cual es una alternativa maravillosa para madurar, para poder encontrar el camino y para saber qué es lo que quiere.

No necesariamente alguien a los diecisiete o dieciocho años tiene la obligación de tener claridad sobre cuáles son sus sueños y en qué carrera puede desarrollar todos sus talentos. El tema es la calma, el esfuerzo, el desarrollo de la voluntad; es la búsqueda interna y no externa. No mediante una búsqueda a través de tests, que si bien pueden ser una ayuda, no son toda la respuesta que los adolescentes necesitan. Es vital mucha conversación con los padres; también tener claro cuáles son los medios con los que cuentan, con el fin de hacerlos rendir de la mejor manera posible y no pedir o buscar cosas que en ese momento sean inalcanzables.

A lo único que un adolescente entre quince y dieciocho años no puede renunciar nunca es a los sueños y al cumplimiento de éstos a lo largo de su vida. Yo siempre utilizo como ejemplo al humorista Coco Legrand, gran amigo

mío, a quien le tengo mucho cariño, que no pudo estudiar
ni hacer lo que él quería cuando salió del colegio. Su madre se lo prohibió. Él estudió Diseño Gráfico, y después de
tener el título pudo dedicarse a lo que de verdad soñaba. Y
hoy todo su desarrollo profesional y universitario le sirve
como metodología, como sistema de orientación, incluso
para hacer las propias escenografías y realizar sus espec-
táculos de una manera muy distinta.

Otro caso es el del padre Alberto Hurtado, quien empezó a desarrollar su sueño alrededor de los cuarenta años,
después de que dio educación a toda su familia, a todos sus
hermanos. Después de la quiebra de la finca de su padre,
él tuvo que estudiar leyes para poder defender y proteger a
su madre y a sus hermanos. Tras terminar esa misión, pudo
cumplir los sueños que tenía. Y así hay diversos ejemplos.
Muchos adolescentes me dicen: "Mis papás no quieren que
yo estudie esto". Entonces yo les señalo: "Bueno, no importa, estudia o fórmate de acuerdo con lo que tus papás
piensan que es mejor para ti y después, cuando tú ya tengas
ingresos, tienes la obligación y el absoluto derecho de poder encauzar tu vida hacia los sueños que siempre quisis-
te". Cuando uno trabaja en el cumplimiento de los sueños,
a la larga siempre en la vida se tiene éxito si eso se asocia al
esfuerzo, al trabajo y a la constancia.

Otro tema que vamos a desarrollar dentro de este capítulo es lo que tiene que ver con la formación de parejas. Aprender a compartir con el otro género, conocer cómo hombres
y mujeres funcionan de forma distinta. Asociar el amor al
buen trato, al respeto, al cariño, a la solidaridad y no al dolor,
como lo tenemos relacionado las mujeres latinoamericanas;

es decir, que mientras más sufro por ti, más te pruebo que te amo. Y cómo se incorpora esta nueva formación de pareja a la familia, a los hermanos, al sentarse a la mesa con el novio o con la novia. De cómo van apareciendo los primeros indicios de erotismo, de sensualidad, los primeros tocamientos sexuales para poder explorar cómo funciona nuestro cuerpo y empezar a conocer estas nuevas sensaciones, desconocidas hasta este momento.

Hay que entender también que el amor hace bien; por lo tanto, si una pareja está conformando una buena relación, debiera necesariamente tener mejores notas que antes de haberse enamorado. Debiera llevarse mejor con la familia y con los hermanos; debiera poder compartir más en grupo y no estar solos los dos permanentemente, pero, por otro lado, darse tiempo para su intimidad, aprender a conocer al otro y, en ese mismo reflejo, a sí mismos.

Claramente es una de las etapas más lindas y si se vive con pureza, con mucha comunicación, con decoro y pudor —aunque no se avance en lo sexual, que es lo ideal—, puede haber un pleno y absoluto conocimiento del otro, para saber de verdad con quién me estoy encontrando.

Yo siempre les digo a los adolescentes que se visualicen a sí mismos como una rosa y que a cada persona con la que estén le entreguen un pétalo. Les digo que ojalá, cuando llegue la persona definitiva en la vida, tengan algo que dar, y no hayan entregado todos los pétalos y conserven solamente un tallo vacío para ofrecerle al otro. Eso tiene que ver con el cuidado, con este regalo de la virginidad; tiene que ver con el regalo del pudor, con el autocuidado en la mujer y también en el hombre.

Ése es el gran desafío entre los quince y los dieciocho. Poder formar parejas estables, pero ojalá sin vida sexual; tener una orientación espiritual que permita trascender todo lo que hagan, incluso esta misma búsqueda de los sueños. Poder, de una u otra manera, terminar con el periodo de valores intermedios para consolidar valores sólidos que retomen los que me enseñaron mis padres o los cambie si es que éstos fueron inadecuados, y pueda yo definir mi propia pauta moral con una ética autónoma, basada en las intenciones y no en las consecuencias de los actos.

Otro desafío importante, por supuesto en esta edad, es el desarrollo de los sueños y de la carrera, la búsqueda profesional que me va a permitir reorientarme como adulto el resto de mi vida. Y también la conexión de mi mundo hacia fuera, tener una actividad social que me permita salir de mí mismo y que me deje entender el valor de los otros. Todo eso que yo decía que un adolescente entre los trece y los quince tiene que aprender de las diversidades sociales, sexuales y grupales, ya entre los quince y los dieciocho años debe estar internamente consolidado en los valores de la tolerancia, el respeto, la capacidad de escuchar otras realidades para afianzar, a esta edad, a un ser humano completo, con muchas habilidades y que sepa manejarse dentro de la vida.

Siempre señalo que un adolescente antes de los dieciocho ya debería saber cocinar por lo menos cinco platillos bien hechos, realizar el aseo perfecto de su casa, tener su clóset ordenado, cuidar las cosas que le pertenecen y no perderlas, saber dónde se pagan las cuentas, cómo se hace un cheque, qué operaciones bancarias hay que realizar, inscribirse en los registros electorales (cuando cumpla dieciocho), obtener su licencia de conducir, etcétera. Es decir, entender que uno tiene derechos en la vida, pero también, y por sobre todas las cosas, tenemos deberes, y que cumplirlos no nos produzca una sensación de tedio gigantesco, sino al revés, una sensación de íntimo placer de estar haciendo lo correcto.

Al llegar a los dieciocho años, ya deberían estar consolidadas todas esas responsabilidades cívicas, vocacionales y de pareja, independiente de que pueda explorar distintas parejas para conocerme a mí mismo y conocer mejor al otro género. Debería también tener tolerancia, aceptación frente a la diversidad en todo orden de cosas, ya sea por discapacidad, por raza, color, nivel socioeconómico o condición sexual. Sólo así voy a lograr un ser humano formado con un temple firme frente a las frustraciones, entendiendo y experimentando muchas de ellas y habiendo rescatado todos los aprendizajes que, de una u otra forma, las experiencias de dolor siempre nos traen.

Aquí terminamos la etapa de formación. Yo diría que hasta acá los papás podemos hacer muchas cosas por formar, modelar, cambiar, orientar, criticar. De aquí en adelante, vamos a recibir los frutos de cuán bien o mal lo hicimos con nuestros hijos.

De 18 a 24 años

Sueños

De los dieciocho a los veinticuatro años es una etapa en que yo como padre empiezo a darme cuenta de si mi hijo tiene temple, si fue capaz de mantener sus sueños, si se maneja frente a las frustraciones laborales o universitarias, si afrontó con hidalguía y con mucha dignidad su primer "fracaso" o aprendizaje durante un mal resultado en una prueba universitaria, y cómo enfrentó esa situación. También cómo afrontó sus relaciones de pareja, ahora más estables, más duraderas y con personas más adecuadas, en las que los errores del pasado tienen que convertirse en aprendizajes del presente. Y, por lo tanto, ser capaz de consolidar relaciones basadas en el respeto, en un amor que hace bien, que no daña, que no provoca dolor, que simplemente hace crecer. Así se empieza a entender un concepto que es clave: el amor es mucho más que una emoción o sentimiento; es una decisión que yo tomo con el otro y que recién a esta edad uno debiera tener orientada.

Yo, que me casé a los veintidós años, no tenía claro ese factor anterior. No entendí, en términos internos y de madurez, que el amor era además una decisión. Estaba absolutamente centrada en el sentimiento, y eso, diez años más tarde, provocó una separación matrimonial, además muy mal manejada por mí, producto del golpe de haber entendido algo que debí haber sido capaz de incorporar en este ciclo de edad.

Y así entramos en la etapa de los dieciocho a los veinticuatro años, la etapa de la carrera universitaria o superior, de la carrera técnica o de buscar un trabajo para ayudar a la familia. Aquí los elementos clave son no desertar, no cambiar y, de alguna manera, mantenernos dentro de una ruta estable. Hay que saber manejar el esfuerzo con los problemas emocionales; por ejemplo, si tengo tristeza, igual tengo que estudiar para la prueba que viene. También hay que tolerar los primeros fracasos emocionales y académicos, poder quizá permitirse algún cambio de carrera, pero nunca más de uno y con razones absolutamente fundamentadas frente a los padres, en forma madura y responsable. Poder restablecer relaciones con los padres de forma un poco más adulta, con límites claros, con horarios establecidos y con el respeto a las normas de la casa en la cual se vive. Mientras se viva en la casa de los padres, los adolescentes o adultos jóvenes, ya a los veinticuatro años, tienen la obligación de respetar las reglas que los padres establecen para su comodidad. De otra forma, ese hijo tiene que hacerse cargo de su vida económica para poder vivir de acuerdo con las reglas que él mismo defina en la más absoluta independencia. Para ser libre hay que ser responsable primero. Y, por lo tanto, hay que adecuarse a las normas de la casa en la cual se ha crecido.

También es importante que este joven, entre dieciocho y veinticuatro años, busque redes anexas de ayuda, relaciones que de alguna manera le permitan establecer formas de estudio y grupos de solidaridad que lo hagan salirse de sí mismo, de "incendiarse" por dentro para que ese "incendio" pueda ayudar y beneficiar a otros a su alrededor.

Las relaciones de pareja ya parecen más estables y maduras, y probablemente, de forma bastante inadecuada, aparecen las primeras convivencias, ya que muchas veces los jóvenes suponen que con convivir van a poder "probar" cuán bien se pueden llevar en un futuro matrimonio, lo cual no necesariamente es así.

Ahora, si las personas no creen en el matrimonio, a mí me parece bien que ya a los veinticuatro años se empiece a hablar de compartir la vida juntos. Lo ideal es que eso sea bajo un compromiso seguro, donde una firma no le quite importancia, ni le dé más, al vínculo del amor y a la decisión de compartir la vida. Además, estas convivencias deben ser financiadas por ellos mismos y no por sus padres, porque muchas veces ocurre que los padres ayudan económicamente a sus hijos, con lo cual les hacen el "flaco favor" de hacerlos cada vez más débiles y dependientes de las decisiones o de las opiniones de sus padres; quienes empiezan, sin querer, a entrometerse y a entrar en el mundo y en la realidad emocional de esta pareja joven. Ojalá que los jóvenes inicien esta vida juntos, desde la nada, para que puedan sentir la satisfacción y el comienzo de todo.

También hay un grupo gigantesco que a esta edad trabaja y estudia, que tiene la posibilidad de compartir el mundo laboral y académico. El único riesgo de esto es el gustito que uno puede ir adquiriendo por el dinero y, por esta razón, ir dejando el estudio un poco de lado. Siempre el sueldo

tiene que ayudar a consolidar la carrera universitaria. Y
si no se pueden hacer ambas cosas, se trabaja durante un
tiempo, para después estudiar y adquirir una profesión
—ya sea técnica o universitaria—, porque esto es clave para
el éxito en la vida. La gente que no sigue estudiando tiene escasas posibilidades de triunfar. Y si no cuenta con un
certificado de educación media, tiene también muy pocas
posibilidades de conseguir un buen sueldo que le permita
cubrir todas sus necesidades a lo largo de la vida y de formar una familia.

Poseer una carrera universitaria o técnica es clave en el
desarrollo de la individualidad, del crecimiento humano y
de la globalización que hoy la vida permite.

Éstos son los aspectos más relevantes que hay que desarrollar entre los dieciocho y los veinticuatro años, y que
estamos obligados a fomentar como papás. Hay que mantener a los jóvenes en el esfuerzo y en la convivencia familiar, porque aunque estén grandes, se deben sentar a la
mesa y visitar a sus abuelos; tienen que colaborar con los
hermanos menores, deben participar de la comunicación
con sus padres y también preocuparse por ellos. Aunque
estén grandes, tienen que avisar y de alguna manera pedir
permiso para ciertas cosas que puedan transgredir los códigos morales de sus padres. Aunque estén grandes, deben
tener la humildad de entender que siguen dependiendo
emocional y económicamente de la autoridad de los papás
y que, por eso mismo, a ellos siempre les deben agradeci-
miento y respeto.

Y, sobre todo, estos jóvenes tienen que valorar los primeros grandes dolores en la vida, ya sea por pérdidas, por

partidas, por muertes o por desilusiones amorosas, académicas o profesionales. Tienen que visualizar cómo todos esos pequeños traspiés en la vida van a generar la tremenda maravilla de ir consolidando temples fuertes, personas sólidas, que de una u otra forma los harán madurar como potentes adultos que aportarán verdaderamente a la sociedad.

Tratar de darles a nuestros hijos todas las comodidades para que ellos se desarrollen de la mejor forma posible quizá no es la receta ideal. Parece ser que ellos tienen que partir desde abajo y saber lo que cuestan las cosas. A lo mejor, darles todo genera a largo plazo adolescentes cómodos, sin capacidad para incentivarse, con poco empuje y con poca hambre; se irán desencantando de las cosas porque sienten que nada les llena, que todo les aburre, a la primera dificultad lo único que quieren es desertar, a la primera frustración piensan que se equivocaron de carrera, creen que porque no les gusta una materia no están en la carrera adecuada, etcétera. Creo que todas esas cosas son las que hay que revisar entre los dieciocho y los veinticuatro años.

También hay que buscar la consolidación de una adultez formada en parejas sólidas, estables, permanentes, basadas en el respeto, en la comunión y en el diálogo abierto. Formar jóvenes que participen en redes sociales, que cultiven códigos éticos serios; que sean hombres y mujeres de respeto, que estén dispuestos a aportar algo para que su país todos los días sea mejor y avance cada vez más hacia un destino próspero. Que ellos, ya como adultos, vayan reemplazando a los que ya tenemos más años, pero siempre basados en este código de valorar lo poco, de agradecer cuando se dan las cosas, de preguntar en el trabajo "¿en qué puedo colaborar yo?", y no solamente esperar los beneficios o los derechos que tengo como empleado al entrar a una empresa determinada. Todas esas cosas son claves y predeterminan el éxito o el fracaso de este ciclo de la vida.

De 24 a 30 años

Consolidación de la adultez

Podríamos decir que de los veinticuatro a los treinta años es la etapa de la consolidación de la adultez. Ya existe compromiso, hay vínculos permanentes, la gente está buscando valores sólidos, cierta estabilidad en el tiempo y la formación de un proyecto de un "nosotros" en vez de un "yo" y un "tú" en forma separada. Nos encontramos con una generación que quiere lograr cosas desde el alma y no solamente desde lo material.

Pero algo pasa cuando alcanzamos esta etapa, porque si hemos revisado todas las edades anteriores, quizá podamos concluir que esta generación no llega muy bien preparada interiormente para enfrentar una vida de adultos. Ya no debieran ser llamados adolescentes, sino adultos jóvenes. Sin embargo, prefiero denominarlos "adolescentes tardíos", ya que son parte de una generación en la que muchos de ellos han cambiado de carrera, han establecido relaciones de pareja y compromisos absolutamente esporádicos o basados en criterios bastante egoístas, compartiendo algunas cosas juntos, pero con un exceso de respeto de los mundos privados.

Muchas veces, de una u otra forma, a estos adultos jóvenes se les ha enseñado que el éxito laboral es claramente lo más importante. Se empieza a producir un preocupante afán desmedido de éxito, que los transforma en eternos estudiantes: personas que salen de la universidad y hacen un posgrado tras otro, una maestría tras otra, y nunca empiezan a trabajar. Una generación que no quiere casarse y que posterga lo más posible la formación estable de una pareja y el inicio de la paternidad.

Hay que tenerlo todo perfecto: el cuerpo, el trabajo, el novio o la novia; quieren un muy buen sueldo, ojalá con poco trabajo, practicar deporte y conseguir que los logros económicos sean lo más trascendente e importante.

¿Qué pasa con esta generación?, ¿qué sucede en realidad en el alma de esta gente que ha ido perdiendo el sentido, que ha ido postergando su vida, porque no quiere correr riesgos? Y ahí hay un límite que a mí me parece peligroso, entre parecer o mostrarse hiperresponsable para tomar decisiones, pero al mismo tiempo limitarse por el egoísmo y la sensación de no querer equivocarse.

Ahora, de lo que le ocurre a esta generación, los adultos, nuestros padres y nuestros abuelos son absolutamente responsables. Quizá por no mostrar, como decía anteriormente, mundos adultos radiantes, comprometidos, en los que las parejas que sean felices digan que lo son, que de verdad se muestre el amor como un concepto entretenido, apasionado, entregado y jugado por entero.

En esta generación el goce es primordial. Se dice una y otra vez que si yo no la estoy pasando bien con una pareja, debo terminar. Aprender con el otro de los sufrimientos es algo que hoy día es visto como algo loco, descerebrado, y se predica: "¿Para qué vas a estar con alguien si en este momento no la estás pasando bien?". El amor no es sólo felicidad, pero tampoco, por supuesto, se debe mantener una relación que nada más produce sufrimiento. El amor no está hecho para producir daño, pero si me toca enfrentar dificultades, porque el otro no siempre va a ser perfecto y siempre va a tener alguna característica que a mí no me llene, ¡no puedo por eso romper una relación si es que yo siento que lo amo, porque no voy a encontrar a nadie perfecto! Creo que aprender a vivir en la imperfección y a aceptar que las cosas no son como uno quisiera es algo clave, que a esta generación le cuesta mucho entender.

He tenido grupos de trabajo con personas cercanas a los treinta años que son verdaderos viejos del alma, porque han experimentado todo tipo de vivencias en la juventud, conocieron todas las experiencias sexuales posibles, tuvieron acceso económico a todo lo que quisieron, pero son pasivos, no poseen sueños, están cansados de la vida que tienen y cuando llegan a sus departamentos, preciosamente decorados, se sienten solos y tristes; quisieran otra cosa, pero también son incapaces de saber dónde encontrar a la pareja o a la persona adecuada. Nos encontramos con mujeres que trabajan todo el día, que tienen *happy hour* con sus amigas o van al gimnasio y llegan a sus casas con la sensación de no saber dónde están los hombres que se quieren comprometer. Y, por otro lado, hombres que hacen exactamente lo mismo y que tienen la misma sensación de soledad.

Hoy está ocurriendo un fenómeno de género que en el libro *¡Viva la diferencia!* lo llamé "masculinización de la mujer", y que ha ido produciendo que muchos hombres lleguen a mi consulta explicando que se quieren casar o que quieren formalizar una relación; y por otro lado, mujeres que solamente quieren sexo esporádico o relaciones alternativas, de muy corto plazo, para mantener su sensación de autonomía. Dicen que no necesitan a los hombres, cosa que por supuesto no es cierto. Tenemos también hombres que se han acostumbrado a salir o a viajar con amigos, con alguna amiga ocasional y que claramente tampoco quieren comprometerse.

Estas personas pueden vivir solas, que es una de las alternativas posibles, o si no formar parte de alguno de los grupos de adultos jóvenes llamados la "generación canguro" o la "generación boomerang". La generación canguro es la que nunca ha salido de su casa, viviendo los privilegios de los casados y los beneficios de los solteros. Tienen la ropa lavada y comida caliente, porque además sus papás les dicen que para qué se van a ir si están cómodos en la casa. Tienen al novio o a la novia afuera, el sueldo en el banco y claramente no están pagando ningún costo por nada. A esa generación le cuesta mucho empezar a vivir. Posterga al máximo la paternidad, con el riesgo de que ésta nunca se produzca por la disminución de ovulación natural en la mujer a medida que la edad aumenta.

La otra es la generación boomerang —que es la que se va en algún momento de la casa—, que presenta mucha necesidad de autonomía y de independencia, pero que por algún fracaso, ya sea económico o emocional, vuelven al lado de sus padres y cuesta mucho volverlos a sacar, porque además se encuentran con papás más viejos y probablemente sienten que los tienen que cuidar y hacerse responsables de ellos. Eso dificulta que vuelvan a vivir sus vidas y ser independientes.

Yo creo que ésta es una generación en riesgo; es una generación que tiene muchos cambios laborales, porque si antes era un valor empezar en una empresa y jubilarse en la misma, hoy eso es un signo de falta de adaptación a los cambios, de poca flexibilidad, incluso me atrevería a decir que los que se quedan en un solo lugar pueden ser evaluados como "escasos en habilidades de liderazgo". Hoy es muy bien vista la capacidad de cambiarse de trabajo, con razones que a veces son francamente irrisorias. Recuerdo a un ingeniero que trabajaba en una empresa minera y que renunció porque no le construyeron una cancha de tenis arriba en la cordillera, cerca del lugar donde trabajaba. Él tenía que bajar a la ciudad más cercana para poder jugar y lo hacía sólo los sábados, lo que le provocaba estrés porque debía manejar durante una hora y media para llegar al lugar donde estaba la cancha. Según él, no estaba educado para eso, porque tenía un MBA.

Ésa es una de las razones que dan muchos ejecutivos jóvenes para renunciar o cambiarse de trabajo, basados fundamentalmente en lo que he dicho a lo largo de todo el libro: que estamos en una sociedad que se preocupa más de sus derechos que de sus deberes.

Es impresionante escuchar a los psicólogos laborales. Me han contado que en realidad las personas que se postulan para un trabajo llegan preguntando cuántos días de vacaciones van a tener, si hay algún bono a final de año, con qué beneficios cuentan dentro de la empresa, etcétera, y muy pocos preguntan: "¿En qué crees que yo pueda aportar a esta empresa?". El tema es cuánto gano y no cuánto doy para que todo a mi alrededor crezca; en eso también incluyo al mundo emocional. Todo está focalizado, por ejemplo, en cuánto me hace feliz mi pareja y no en qué estoy haciendo yo para que esta pareja pueda ser feliz conmigo.

Creo también que hay una tendencia a evadir todo lo que tenga que ver con hacerse cargo de algún costo. Lo que se quiere mayoritariamente en esta edad son ganancias: tratar de tener mejores sueldos, menos horas de trabajo, un mejor cuerpo, con los menores costos de gimnasio. Tratar de tener la mejor pareja, sin que ella demande o exija grandes cosas. Poder estudiar eternamente, quizá como un afán de escapar y encubrir un miedo a este mundo adulto que va a exigir responsabilidades, por lo que es más cómodo mantenerse en el mundo estudiantil.

Cuando trabajo con grupos de personas entre los veinticuatro y treinta años siempre me pregunto: "¿Qué están esperando para empezar a vivir?". Los grandes negocios de la vida son todos malos negocios, son todos poco rentables, son puros gastos emocionales o físicos, pero son los que nos hacen desplegarnos a favor de un sueño. Son los que nos permiten salirnos de nosotros para entrar en otros, son los que nos dejan crecer como seres humanos, los que nos hacen ceder a cosas y aceptar realidades que incluso nos pueden hacer sufrir, pero al mismo tiempo nos hacen crecer una enormidad.

Ésta es una edad que nos invita a la adultez, al compromiso, a poder formar una familia, a no postergar los hijos, porque a los treinta o cuarenta años ya uno debería estar en una etapa de madurez y de crecimiento distinta; deberíamos estar viendo crecer a nuestros hijos y no sentir que ellos, como me dicen muchos, consideran que tienen abuelos en vez de padres. Además, la brecha generacional se hace cada vez más grande, porque tecnológicamente, en términos de madurez y de experiencias de vida, padres e hijos se ven o se sienten demasiado distantes.

Creo que la vida hay que vivirla en las etapas que corresponde hacerlo. Cuando una relación está empezando tiene un ciclo: de conocerse se pasa a un coqueteo, y no a "un andar", a un "amigo con derechos", que a la larga claramente no deja nada en el alma. Después de ese coqueteo, hay una etapa que se puede formalizar como noviazgo o no necesariamente, pero se siente que se avanza, que hay un paso. Hay un *timing* para cada una de las relaciones, y si uno siente que ese *timing* se pasa, la relación termina por deteriorarse, por desgastarse o por cansarse uno de los dos en espera de que el otro tome o no las decisiones que tiene que tomar. Después de eso, está la consolidación de una convivencia o, en mis códigos morales, de un matrimonio, que trata de formalizar esta relación en beneficio, ojalá, de la llegada de los hijos.

Esa estructura social de vivir con otro, de compartir la vida entre los dos, de formar un "nosotros", es hasta el momento la mejor fórmula que se ha inventado para poder ser feliz en la vida. Nadie es feliz solo, aunque pueda estar cómodo —que no es lo mismo—, aunque pueda estar contento y sin vivir riesgos, aunque incluso lo envidien los casados, porque puede viajar adonde quiera y porque no tiene que pedirle "permiso" a nadie. La persona que está sola no es feliz, a pesar de que no enfrente ninguno de los costos que viven sus amigos con hijos o con parejas con conflictos.

El problema es que vivimos en una sociedad donde todo lo que se sabe es lo malo y lo bueno pareciera que ocurre en silencio, por lo que nos quedamos con un nivel de información que es peligroso, ya que es negativo. Eso provoca que esta generación, entre los veinticuatro y los treinta años, tenga mucho temor a comprometerse en la vida, porque todo lo que escucha y todo lo que ve son sólo desastres. Por lo tanto, el tema de arriesgarse cada vez conlleva más peligro.

Ahora, yo creo que hay personas que pueden optar por una vida de soltería, pero pienso que es una opción que se toma después de un dolor, de un periodo difícil, donde yo me acostumbré a estar solo y que me genera, después de un tiempo, incomodidad compartir la vida con otro, porque ya tengo mi clóset lleno, por ejemplo, y sería un lío que llegara otra persona a modificar mi sistema de vida. Además, voy volviéndome vieja y, por consiguiente, voy teniendo mañas o hábitos que a la larga hacen que sea difícil estar en pareja. Pero no creo que una persona en plena facultad de su felicidad, sin haber sido dañada, sin haberse acomodado a este estado de soledad, elija por sí misma la opción de quedarse sola. Creo que eso siempre va a ser fruto de una experiencia de dolor que esa persona experimentó o que vio vivir en otros muy cercanos y que la marcaron de por vida. Pienso que la convivencia, estar con otros, poder generar una vida que deje huellas, que no sea seca, es algo que todos los seres humanos necesitamos.

Yo decía en la mitad del libro que veníamos a esta tierra a tres cosas: a aprender a amar, a dejar huella y a ser felices. Evidentemente eso uno lo puede realizar solo y hay mucha gente que lo hace, como los que tienen vida religiosa, pero ellos no están solos, ellos se casaron con Dios. Hay gente viuda que nunca vuelve a rehacer su vida por decisión personal, porque tiene la aspiración y el sueño de reencontrarse con su amor cuando puedan partir. Hay personas que se quedan solas porque el otro se fue de viaje y se distanciaron y después eso generó el hábito y la costumbre de no querer compartir la vida con nadie más, producto de la frustración de no haber podido consolidar un proyecto. Sin embargo, vuelvo a repetir, creo que la fórmula perfecta para poder cumplir estas tres grandes metas o desafíos que vinimos a hacer a esta tierra es con otro al lado, sin lugar a dudas.

Creo también que esta generación entre los veinticuatro y los treinta años tiene la responsabilidad social de empezar a vivir. De ellos dependen las tasas de natalidad de sus países. Tienen la obligación de elegir un proyecto de vida adulto, civilizado, entregado, alegre y generoso, que aporte verdad a la sociedad y que no esté centrado en sí mismo. Me ha llamado la atención en algunos grupos de trabajo entre veinticuatro y treinta años que castigan, ridiculizan o retan a las parejas que se quieren casar jóvenes, a parejas que desean tener hijos pronto, o a mujeres que piensan ser madres. Las hacen sentir ridículas, anticuadas, y les dicen: "¿Para qué se van a arriesgar?, ¿cuál es la idea de vivir una situación así, si están tan cómodas?". El tema de la comodidad, de no sentir frustración, de creer que vivir feliz es estar siempre contento, de que la vida tiene que ser entretenida, implica que cualquier cosa que atente contra ese entretenimiento hay que cortarla.

Me ha tocado ver en grupos de mujeres y de hombres que cuando alguno de ellos cuenta que tiene alguna dificultad con una pareja que ama, todo el grupo le dice que termine la relación, que para qué seguir en eso. Estar en pareja es para pasarla bien; si no, es mejor terminar. Entonces, yo me pregunto: ¿cuándo esas personas van a ser capaces de establecer relaciones a largo plazo?, ¿cuándo van a aprender a perdonar para construir una relación que dure toda la vida?, ¿cuándo van a decidir estar con alguien, a pesar de que éste ocasionalmente pueda provocarles algún dolor? Ellos también son generadores de dolor en algún momento, nadie puede pasar por la vida sin producirle daño a otro. Y, sin embargo, sí se pueden construir vínculos para toda la vida y un amor permanente.

Todos los que están leyendo este libro saben que soy una mujer separada, que pude rehacer mi vida después de mucho dolor y que experimenté de nuevo la soledad, producto de la partida del hombre más maravilloso de este planeta; sin embargo, sigo creyendo —no para mí, pero sí para otros— en la vida de pareja, en el matrimonio consolidado, en la familia, que es la unidad social más importante, que todos debemos proteger para quitar tantos de los males que he descrito en este libro y tantas de las experiencias de soledad que nuestros hijos están viviendo, justamente por el mal ejemplo de esta concepción de familia que les hemos dado.

Quiero invitar a los jóvenes, entre los veinticuatro y los treinta años, a que se arriesguen a vivir solos, a que sepan cuánto cuestan las cosas, a que empiecen de cero; ojalá lleguen a un espacio vacío, que lo vayan llenando poco a poco y que no esperen tener una mesa de regalos de novios para poder casarse o un préstamo para el departamento. Creo que comenzar de la nada siempre hace bien; el valor del esfuerzo es algo que construye, con el tiempo, relaciones mucho más sólidas.

Traten de no pasar tanto tiempo con sus padres, pero sí de ir a verlos en forma frecuente. No lleguen —sobre todo los recién casados— un fin de semana a la casa de una familia y el otro fin de semana a la casa de la otra, porque con eso no se está construyendo un "nosotros".

Se debe evitar pedir la ayuda de los adultos mayores para que solos puedan ir viendo los logros de sus propios esfuerzos y no dependan del cariño o la buena voluntad de sus padres, que erróneamente quieren "facilitarles la vida".

Aquí termina el camino, en este precipicio donde uno puede arriesgarse o no a ser adulto, en el que uno puede atreverse o no a construir una vida propia. Los padres pueden haber hecho las cosas bien o mal, o no haberlas hecho, pero el tema es que en algún momento uno debe hacerse responsable por la vida que tiene y desarrollar un proyecto de vida adulto, responsable, enfocado en otro, no en uno mismo, para poder lograr la plena felicidad.

Y ser feliz es una decisión que yo tomo todos los días, que no depende de las condiciones de vida que tenga, sino de la actitud con la cual enfrento los problemas. La felicidad es eso: decidir ser feliz. Y debo involucrar en ese concepto de felicidad el sentido de la vida, el que las cosas se hacen para algo, el que nadie puede ser feliz si no es agradecido, el que nadie puede ser feliz si no aprende a estar centrado en lo que tenemos y no en las cosas que nos faltan.

Si logramos valorar a la familia como una unidad social fundamental, si volvemos a sentarnos a la mesa, si apagamos los televisores mientras comemos, si nos hacemos cariños, si nos decimos que nos queremos, si no molestamos al hombre que es capaz de reconocer que ama a su mujer, o al niño que demuestra que quiere a sus padres, o a aquella mujer que dice públicamente que ama al hombre con el que está, creo que sólo así nos vamos a ir convirtiendo paulatinamente en un mejor grupo social, en un grupo de personas que defiende la unidad de la familia y que protege las raíces. Un país no puede olvidarse de dónde surge, un niño no puede olvidarse de dónde viene, un hijo no puede dejar de ir a ver a sus padres porque llegó a tener mejor estatus económico que ellos, ya que adquirió a los treinta años un bien raíz y su padre apenas lo pudo hacer a los cincuenta.

Cuando una familia logra valorar los dolores como procesos de aprendizaje, entonces todos nos transformamos en mejores personas, todos crecemos, todos somos protagonistas de un destino. Así podremos cambiar al país, modificarle la vida al que está al lado, hacernos responsables de nuestros errores y de nuestros aciertos. Y quizás entonces este libro tendría que cambiar de nombre y llamarse *Yo quiero crecer,* yo quiero cambiar el mundo. Ojalá que escuchemos a muchos adolescentes después de leer este libro diciendo esas frases y no repitiendo: "No quiero crecer... ¿para qué?, si no veo a adultos felices, si no gozan con sus trabajos, si el adulto fracasa en sus relaciones emocionales".

Los adolescentes se ven a sí mismos como una generación dolida, producto de las decisiones egoístas y muchas veces apresuradas de los mismos padres. ¿Para qué crecer?, ¿para enfermarnos como nos estamos enfermando? Si voy a Buenos Aires, lo que más resalta son los cafés. En Chile, lo que más resalta son las farmacias. Hay un problema que tiene que ver con la salud, con estar enfermándonos por tomar decisiones equivocadas, vidas que están basadas en el tener y no en el ser, porque no hemos entendido que la palabra *ser* tiene menos letras que la palabra *aparentar*.

Nos falta una identidad para poder darles un ejemplo a los adolescentes de que ser adulto vale la pena, de que la vida vale la pena, porque a pesar de todos los dolores, la vida es una experiencia de amor y de felicidad. Hay que enseñarles a nuestros hijos que vale la pena sonreír, que vale la pena entregar lo mejor de sí mismos todos los días, porque de esa manera ellos van a tener ganas de imitarnos. Ellos no se quedan con lo que uno les dice: si fuera así, mis hijos serían perfectos. Ellos se quedan con lo que uno hace y ahí están nuestras inconsistencias, nuestros errores, porque decimos algo y no lo cumplimos. Transmitimos sólo lo negativo: no se lo digo a nadie si me llamaron de un buen trabajo, porque eso se puede esfumar o dispersar la energía. Si recientemente estoy saliendo con alguien tampoco, porque en realidad puede producirse una frustración. Si quedé recientemente embarazada, no voy a decir nada hasta que el bebé no esté "afirmado" en mi útero, para que así nadie sufra. Entonces yo sólo cuento que perdí un hijo, que no me llamaron del trabajo, que la relación no funcionó, etcétera. Nosotros nos estamos transmitiendo todo el día las cosas que no funcionaron, no las que están saliendo bien.

Y claramente eso genera un grupo social poco alegre, con individuos más maleducados, poco gentiles y muy enchufados en el estrés tratando de lograr cosas. Y en eso, varios países latinoamericanos como Colombia, Ecuador, Guatemala, El Salvador o México nos dan una tremenda lección. Son sociedades o personas capaces de jugársela o de pelear por sueños, son alegres, dispuestos a sonreír y agradecer todo lo que tienen a lo largo del día; disfrutan lo que poseen y son capaces de dar testimonio de felicidad matrimonial, de pareja y de alegría laboral.

Tenemos que llegar a la casa agotados en la noche, porque eso es un tremendo privilegio; significa que hoy entregamos todo lo que teníamos para dar. Sería espantoso llegar "frescos como lechuga", porque eso significaría que hoy yo no le di nada a nadie. Debemos llegar cansados, pero el cansancio no tendría que ser sinónimo de mal genio. Debemos conversar, debemos disfrutar. Dejemos de dividirnos como sociedad; apartemos el concepto de que la mujer tiene que ser amante, esposa, trabajadora, madre, etcétera. Somos un solo ser humano integrado, que tiene la obligación y la responsabilidad de disfrutar de cada una de las etapas de la vida, de cada uno de los deberes y de los placeres. De lo bueno se goza y de lo malo se aprende.

Si así nos mostráramos ante los niños, les aseguro que este libro no tendría sentido o tendría que titularse, como ya dije, de otra manera. Quizás: *Yo quiero crecer... explíquenme cómo hacerlo*. Tal vez hubiera sido un muy buen título y a mí me hubiera gustado mucho ponerlo, pero dada la realidad que me toca ver todos los días, el único título que sentí que tenía peso era *No quiero crecer*. Ojalá que al leerlo logremos entre todos cambiarle el nombre a este libro y conseguir una generación llena de entusiasmo, de propósitos, de sueños, de locura, que quiera cambiar el mundo como en un momento lo sintió la generación de los sesenta.

Adolescentes geniales

Gracias a Dios, también existen adolescentes geniales, y para que no quede la sensación de que todo lo que he mencionado en el libro tiene que ver con elementos negativos y críticos de la sociedad, quise dejar un capítulo especial dedicado a esos adolescentes maravillosos, que quizá son mayoría en varios países, pero que se mantienen silenciosos porque no son noticia, porque paradójicamente hacen las cosas bien. Son adolescentes que tienen ciertas características que me gustaría mencionar para reforzar o premiar a los que las tienen, y para los que están lejos de ellas, aprendan a buscarlas y a lo mejor transformarse en personas geniales el día de mañana.

Ser "genial" en términos cotidianos, en Chile significa ser osado, desinhibido, flojo, poco esforzado y sin capacidad para frenarse ante los impulsos. Son los jóvenes que hacen lo que quieren, que son irresponsables en lo sexual, en lo académico, en el lenguaje, con sus padres y con sus abuelos.

El "ñoño" o el "nerd" es un niño que es castigado por estudiar, por hacer lo correcto, por tratar de no salir de fiesta si tiene demasiados exámenes en la semana, por no coquetear o no tener novia a temprana edad porque está esperando a alguien especial. Ese adolescente que hace lo correcto es castigado socialmente. El que dice que ama a sus padres, por lo menos en este país, es llamado "cursi". Sé que en otros países no es así y que son felicitados, como en Guatemala o en Colombia, donde llaman "papi" o "mami" a sus padres con un afecto y un cariño que en otros países debiéramos aprender.

Por lo tanto, quiero cambiar el concepto de "genial". El genial no es aquel osado y valiente, como acabo de decir, sino aquel inseguro que tuvo que disfrazar sus miedos y su soledad. Un verdadero adolescente genial es capaz de hacer primero lo que debe y que también disfruta de los placeres. Tiene amigos, hace juntas, tiene actividades sociales, es capaz de integrar la vida con otros, pero que ante todo van a estar sus responsabilidades y su capacidad para poder presentar exámenes y ojalá tener buenas notas.

Generalmente, y de acuerdo con todos mis estudios, estos adolescentes geniales pertenecen a redes, no se encuentran solos. Están en grupos de pastoral, pertenecen a una iglesia, a grupos de scouts, son voluntarios de actividades sociales y han salido de sí mismos para poder ayudar a otros. Frecuentemente, proclaman algún tipo de fe, tienen muy buena relación con sus padres y aunque ésta no sea positiva siempre, saben que hay límites y poseen padres que son autoridad. Y como están todas las reglas claras en la casa, ellos sí pueden expresar afecto o cariño en forma permanente.

Son adolescentes que tienen espacios para poder hablar de temas profundos, y como hijos saben que los padres son pesados o desagradables muchas veces, pero que están haciendo las cosas lo mejor que pueden. Son hijos que han aprendido que la vida cuesta, que no tienen todo lo que piden, que generalmente viven austeramente, condicionados más por la necesidad que por los placeres, y cuyos padres han aprendido a decirles que no, a preguntar si realmente necesitan lo que piden y a no concederles cosas para que ellos de alguna manera queden satisfechos.

Son adolescentes que se aburren mucho, pero que por lo mismo organizan juegos y actividades creativas. Esto les hace estar en buena condición física y juegan mucho al aire libre. Se manejan bien con sus primos y tienen mucho contacto con sus abuelos, porque están obligados a ver al resto de la familia. También tienen la posibilidad de ayudar a los otros y pueden expresar sus afectos, sin sentir mayor vergüenza o pudor frente a esto.

Son jóvenes que tienen grandes sueños. Muchos de ellos sueñan con la virginidad hasta encontrar a la persona adecuada. Sueñan con el pudor, con el recato, con el buen trato, con tener amigos que puedan conversar y que no estén todos borrachos para poder hacerlo. Sueñan con una carrera y con la transformación de su país en forma importante.

Estos adolescentes son miles y claramente son los que van a dirigir el país. Son los futuros jefes de otros adolescentes disfrazados de "cool". Son los que han estudiado, los que entienden que el deber es algo que produce placer, que no hay nada más maravilloso que la satisfacción del deber cumplido; ellos pueden contagiarles a los demás sus conceptos de honestidad, valentía y expresividad. Son constantes, perseverantes y tienen sus "caídas", pero más que caídas son ciclos naturales de la edad. No son estables,

porque evidentemente son adolescentes, y una de las características propias de esta etapa es la inestabilidad.

Son más conscientes de los riesgos, se cuidan más, comen y duermen mejor, no ven tanta televisión, no están tan
expuestos a la computadora, chatean menos y tienen la capacidad de conversar más. Para ellos es preferible invitar a
sus amigos a la casa que estar conectados a internet. Tienen ganas de que la casa esté llena de gente y generalmente
en sus casas hay más personas que en otras. Las mamás
participan más dentro del proceso de amistades de sus hijos, y aunque trabajen fuera de la casa, están en las cosas
que realmente son importantes; probablemente no en todas, porque nadie puede hacerlo todo perfecto, pero sí están
las ganas de ser mamá ideal o papá ideal. En este contexto
hay una sola línea educativa, y mamá y papá permanentemente van a apoyar la decisión del otro, aun cuando no estén de acuerdo; las diferencias las expresarán en privado
después, pero frente a los niños siempre se va a mostrar
una opción educativa.

Nos encontramos frente a jóvenes que siendo hijos de
padres separados poseen la concepción de tener de todas
maneras padres unidos. Los que se separaron fueron ellos;
por lo tanto, estos adolescentes no tienen la sensación de
ausencia de ninguno de sus padres. Y si sintieran este vacío,
serían resilientes, es decir, lo que no los mató, los hizo más
fuertes. Por lo tanto, aprendieron a vivir con uno de ellos,
en forma positiva, interesado por los demás, y el padre o
la madre que se quedó con ellos supo encauzar su camino hacia una vida más sociable, más encarnada en la realidad de los otros, más empática, más solidaria, con menos

agresiones, con mucho trabajo y esfuerzo.

Y los padres que permanecen juntos y contentos son testimonio de felicidad, y sus hijos los sorprendieron bailando solos en la estancia una noche, o besándose apasionadamente en el pasillo del departamento, o han podido escuchar muchas veces un "te amo, gorda" o un "te amo, viejo". Claramente a los adolescentes eso les da un ejemplo y una alegría muy importante, aunque a lo mejor puede ser ridiculizada por ellos mismos; incluso pueden juzgar a sus padres por la forma en que expresan su afecto, por cómo se dan besos, pero a la larga, en su corazón estos jóvenes, siempre agradecen esta realidad.

Éstos son los adolescentes modelo, los que de verdad van a transformar Latinoamérica y el mundo. Los adolescentes que son capaces de crear y de inventar desde la nada, que se arriesgan por las cosas que valen la pena, las que les hacen bien, no por las que pudieran causarles algún mínimo daño. Son los que cuidan al máximo su intimidad, su pudor, su cuerpo, porque entienden que es el templo del alma y que, por lo tanto, tienen que ser capaces de consagrarlo y cuidarlo para una persona que de verdad lo merezca. Ellos pueden mostrar su intimidad emocional y afectiva con sus amigos y amigas en forma libre y espontánea, y pueden establecer redes de ayuda y de colaboración cuando así se necesita.

Son adolescentes alegres, aunque tienen días tristes. Adolescentes optimistas, que a veces son pesimistas. Adolescentes perseverantes, que de vez en cuando se vuelven inconsistentes. Adolescentes con ideales, que de pronto parecen perderlos, pero que la lucha y la batalla de lo positivo siempre termina por ganar la pelea. Ésos son los adolescentes que necesitamos en Latinoamérica. Y ésos son los padres que requerimos para que formen personas de bien el día de mañana, que de verdad nos hagan sentir- nos cada vez más orgullosos... como nos estamos sintien- do con este grupo de adolescentes. Estamos orgullosos de que existan, de que estén y de que sobre todo den ejemplo de una generación distinta a la que se ve en televisión, a la que muestran todos los días los diarios y a la que nos están acostumbrando a mirar.

Los adolescentes son mucho más que eso. Hay más ado- lescentes haciendo cosas buenas que malas. Hay más gente buena en este mundo, que quien se ocupa de destruirlo. Hay mucha más gente noble que desconfiada. Hay más gente que camina por la vida siempre intentando ayudar al otro, que quien no lo hace. El tema —y éste es un llamado a los medios de comunicación— es que por alguna razón estúpida eso no vende. Y claramente son los medios los que tienen que cambiar esta visión; deben mostrar que los pro- gramas de servicio son importantes, que los programas de contenido son necesarios, que no basta con mostrar sola- mente delincuentes y policías todo el día para poder tener una visión realista de la sociedad.

También hay que mostrar autobuses llenos de adoles- centes partiendo a trabajos voluntarios; autobuses llenos de adolescentes ayudando a las fundaciones de niños dis- capacitados; autobuses llenos de adolescentes trabajando para un Techo para mi País. Jóvenes trabajando como Patch Adams en la Fundación Narices Rojas, ayudando a los ni- ños con cáncer. Fundaciones donde trabajan montones de jóvenes voluntarios. Fundaciones que ayudan a que otros

puedan crecer y desarrollar capacidad empresarial y em-
prendedora. Jóvenes dispuestos a crecer y que creen firme-
mente que se pueden hacer realidad los sueños que uno
se propone. Que saben y tienen plena conciencia que los
límites sólo existen en su mente; afuera no hay ninguno.
Es en la mente donde están los miedos, donde están los
juicios, donde están los prejuicios, donde están los "no va
a resultar". Y claramente si le hacemos caso a esa mente,
no avanzamos. Afuera todo es posible y se puede crear con
constancia, con trabajo.

Esos adolescentes son los que necesitamos en este país
y yo orgullosamente los llamo "geniales". Ojalá que los padres los refuercen, ojalá que no les digan más "ñoños", que
no les digan más "cursis", que no les digan que son tontos
porque hacen cosas distintas. Que se sientan orgullosos, desde la propia familia, de ser lo que son, para que desde ahí
tengan el motor para seguir trabajando por un país mejor,
más sólido, más próspero y, sobre todo, con más respeto por
el otro.

Conclusiones

Para poder terminar este libro he recorrido los rostros de muchos niños y jóvenes de varios países, entre los nueve y los treinta años; entonces vienen a mi cabeza y a mi corazón miles de caras de hombres y de mujeres, de adolescentes, de familias completas, de padres angustiados, y, sin duda alguna, no puedo dejar de conectar esto con una pregunta: ¿qué está pasando en el mundo adulto? En la generación de quienes tenemos cuarenta y cincuenta años no estamos dando un buen ejemplo de preocupación por estos niños, porque tratamos de darles todo lo que necesitan, pero que no es lo que ellos de verdad nos están pidiendo. Nos están pidiendo más afecto, más caricias, más límites, más orden, un mundo más seguro por el cual transitar, un mundo más claro. Hay algo ahí sobre lo que tenemos que reflexionar y modificar en favor del crecimiento de la espiritualidad y del trabajo de estos niños en forma interna.

Hacer este libro no ha sido fácil. Primero, porque era un rango de edad tremendamente largo. Es un libro extenso, que tiene bastante información y en el que seguramente dejé de mencionar muchas cosas importantes. No pretendí abarcarlo todo, porque sería una decisión omnipotente. Solamente incluí lo que fue naciendo de la experiencia, de los estudios y de las investigaciones.

Pero además no ha sido un libro fácil de hacer, porque me tocó escribirlo en un proceso inicial de duelo que me tiene el alma absolutamente destrozada, pero lo hice por el rigor y por el compromiso que establecí con él, con el amor de mi vida, con Óscar. A él le dije que lo terminaría antes de fines de septiembre, así es que puedo decir con orgullo: "Promesa cumplida, amor". Estoy plasmando la promesa que te hice de entregar este libro, que puede ser una herramienta, que puede ser un libro de preguntas, que puede no ser nada, que puede ser una crítica, que puede ser una tontera, pero es algo que me atreví a hacer, porque intento que sea un aporte.

He tenido la suerte de que los dos libros que he escrito se han transformado en *best sellers* en Chile. No sé si espero lo mismo de éste; sólo pretendo aportar un granito de arena a cada familia: a la que tiene poca educación, a la que tiene mucha, a la que puede acceder a un psicólogo, a la que jamás va a poder pagar una consulta. Sobre todo va dedicado el libro a los niños y adolescentes, para que tengan aquí las respuestas, las reflexiones, las discusiones, las discrepancias.

Me quedo con la satisfacción de haber sembrado en estas líneas una cantidad enorme de semillas, que, como siempre digo en mis conferencias, "espero que hayan caído en buena tierra". Que estas semillas den fruto ya no depende de mí o de las personas que me ayudaron a escribir este libro. Depende de quienes lo lean y de lo que hagan con la información que reciban. Ojalá alguna familia o un adolescente logre encauzar su vida, logre recuperar los sueños, logre sentir que vale la pena crecer y considere que el título del libro es una estupidez. Ojalá me lo reclamen y me digan: "No, yo tengo ganas de crecer, yo quiero ser adulto para poder hacer las cosas distintas".

Ojalá cada día haya más adolescentes y niños así, más compromisos, más matrimonios, más "yo sí quiero", más decisiones de amor, aunque a veces sean dolorosas o impliquen poco tiempo, pero recuerden que el tiempo cronológico nada tiene que ver con el tiempo emocional y espiritual de las cosas. Las cosas a veces duran poco, pero pueden marcar toda la vida.

Hay un montón de estudios que prueban que basta con que un adolescente se encuentre con un solo adulto significativo como referente o modelo —como maestro y no como profesor—, como conductor de vida, para que cambie su forma de ver las cosas.

Los niños son prestados; mis hijos también son prestados, y espero que cuando se vayan de mis manos sean las mejores personas que puedan ser. Ésa es la responsabilidad de los adultos: transformar la vida de los niños y dejarlos siendo buenas personas cuando nosotros ya no estemos, cuando de verdad formemos parte del otro mundo, cuando de verdad podamos sentirnos orgullosos de la generación de adolescentes que formamos y eso nos permita llegar a su corazón.

Y llegar a su corazón es mucho más fácil de lo que ustedes suponen. La gente que me ha escuchado en charlas sabe que es cierto. Incluso, muchos de ellos me dicen: "Nos confrontaste durante más de dos horas y nos vamos felices. Nunca nadie nos había hablado con tanta claridad". No quiero sentirme especial, sino sentirme como un instrumento. Alguien como cualquiera que simplemente corrió el riesgo de intentar cambiar y de confiar en la generación que viene. Creo profundamente en los adolescentes, pero en lo que me cuesta creer es en los adultos; por lo tanto, si los adultos cambiamos como motor de vida, como ejemplo de acción, claramente vamos a tener una generación de adolescentes que sí vale la pena educar y que en el futuro van a ser los grandes constructores de este país.

Gracias a toda la gente que participó en las investigaciones conmigo. Gracias a todos ustedes porque, de una u otra forma, formaron parte de este hermoso sueño que es tratar de que este libro se llame *Quiero crecer para transformar el mundo.*

Agradecimientos

Antes que todo, creo que mi primera obligación es agradecerle a Dios la posibilidad de estar viva, la posibilidad de sentir que podía entregar algo en este nuevo libro a Chile y Latinoamérica. Quiero darle las gracias a Él por haberme dado la fuerza para poder escribir estas líneas en este periodo tan difícil de mi vida.

Gracias a Óscar, que me impulsó y me obligó a comprometerme con él —dos días antes de que partiera— a terminar este libro antes de septiembre.

Gracias a su madre, a su hermano, a Cristina y sus hijos, que me han ayudado a llevar de mejor manera este dolor y enorme esfuerzo.

Gracias a mis hijos, por darme el respaldo, la seguridad, los testimonios y a veces la corrección de muchos de los contenidos de estas páginas.

A los hijos de Óscar, por el testimonio, por el cariño, por la ayuda y por la solidaridad. A Michelle, a Óscar Matías, a Paula y a Valentina, porque nunca perdí el afecto de ellos después de que su papá partió. Por sentirlos muy cerca, por estar ahí cada vez que nos necesitamos, aun cuando no nos veamos todo lo que quisiéramos, por lo difícil que ha sido este año. Gracias porque me estimularon a que continuara.

Gracias a mis padres, a mis hermanas y a mis amigos, por la motivación continua para que yo terminara este libro, para que pudiera, de una vez por todas, transmitir algo que los jóvenes necesitaban escuchar.

Gracias a Natalia, una periodista maravillosa, porque sin ella este gran sueño no hubiera sido posible. Ella me encauzó, me ayudó, me extrajo la información como un exprimidor y a la larga logró configurar las ideas y canalizar toda la ayuda que yo necesitaba para poder transmitir este mensaje.

Gracias a Adriana, mi secretaria, que me ha dado los tiempos necesarios para mi trabajo y sacar adelante a mi familia para poder terminar estas líneas.

Gracias a los jóvenes, a todos los que me insistieron en Chile para que yo escribiera este libro y a los que necesitan leerlo para poder encauzar su adolescencia. Tengo tantos rostros de adolescentes en mi corazón y en mi cabeza en este minuto, y cada vez que llegaba a sus ciudades me decían: "Bueno, Pili, ¿y el libro cuándo?". ¡Aquí está! El libro también, por supuesto, es para ustedes.

Gracias a cada una de las personas con las cuales me encontré y me aportaron algo de información que se plasmó aquí. Esto no es una pretensión literaria, yo no soy escritora; solamente quise compartir experiencias, no teorías psicológicas. No soy dueña de nada, no sé nada, estoy recién a los cuarenta y tres años reaprendiendo a vivir y reencauzando los sueños; por lo tanto, bien poco podría dar lecciones. Solamente quiero entregar lo que me han regalado por años los jóvenes de este país y fuera de Chile también, herramientas necesarias para mejorar un poco la calidad de vida de nuestros adolescentes, pero esto, sin duda, necesita que los adultos cambien la concepción que tenemos acerca de la vida.

Y finalmente, gracias a ella: la vida. Porque gracias a ella me he caído muchas veces por errores y por dolores, pero me he logrado parar una y otra vez. Espero que esas lecciones de fortaleza sean testimonio para muchos jóvenes de que sí se puede, de que es posible estudiar aun con angustia, de que se puede ir a presentar un examen de admisión aun cuando los papás hayan peleado la noche anterior, o a pesar de que uno tenga dolores, y de que es posible ser feliz en la vida aunque se tenga una pena en el alma.

Ya vendrán otras obras, otros caminos y otros aprendizajes que, sin duda, tendrán la misión de extraer lo mejor de mí e intentar dejar huella. Nadie se hace millonario en Chile escribiendo libros. Ésta es una labor de servicio al país para poder entregar lo que uno ha podido ver al estar en contacto con el Chile real. Ese Chile que veo todos los días, que me permite viajar por él todas las semanas, descubriendo mundos, abriendo almas, despertando conciencias y teniendo la capacidad, especialmente, de establecer vínculos con esos que llamamos desconocidos y que son simplemente personas con las que no me he vinculado. Los desconocidos no existen.

Aprendamos a tener confianza, a creer que el otro sí tiene algo que enseñarme. Así podremos derribar de verdad esa soberbia de los jóvenes que yo mencionaba al inicio del libro. Yo la vencí porque les hablé al corazón, porque al describir muchas de sus conductas, ellos se vieron identificados. Al mencionar cómo lanzan las mochilas en las camas, la forma como las cáscaras de naranja se pueden quedar secas en la mesa de noche, cómo la mamá recolecta los vasos por toda la casa; al señalar que una mochila no se abre por días y que una circular para una reunión puede quedar guardada hasta diciembre. Ojalá se hayan reído y hayan sentido que en algún momento, como me dicen muchos en las charlas, pareciera ser que hubiera vivido con ustedes. Que Dios los bendiga, muchas gracias por leer estas páginas, esta fuente de esfuerzo. Hasta la próxima, hasta cuando Dios así lo quiera.

Esta obra se imprimió y encuadernó
en el mes de enero de 2017,
en los talleres de Impregráfica Digital, S.A. de C.V.,
Av.Universidad 1330, Col. Del Carmen Coyoacán,
C.P. 04100, Coyoacán, Ciudad de México.